美工之路

淘宝天猫美工
一本通 | 移动学习版

图片后期 ➕ 视频处理 ➕
店铺装修 ➕ 手机端设计

万晨曦 邱新泉 / 主编

宋莹 张璐 / 副主编

人民邮电出版社
北京

图书在版编目（CIP）数据

淘宝天猫美工一本通 ：移动学习版 ：图片后期　视频处理　店铺装修　手机端设计 / 万晨曦，邱新泉主编 . -- 北京 ：人民邮电出版社，2019.1（2020.7重印）
ISBN 978-7-115-49028-5

Ⅰ．①淘… Ⅱ．①万… ②邱… Ⅲ．①网店－设计 Ⅳ．①F713.361.2

中国版本图书馆CIP数据核字(2018)第175762号

内 容 提 要

本书是一本帮助读者掌握美工设计技能的图书。全书共 11 章，第 1 章和第 2 章介绍淘宝美工应该掌握的基础知识；第 3 章～第 5 章介绍淘宝商品图片和视频的获取方法及后期处理方法；第 6 章～第 10 章介绍淘宝店铺的设计和优化；第 11 章介绍综合案例操作。

本书既可供网上开店的店主学习使用，也可作为高等院校、职业院校电子商务专业的教学用书，还可以作为电子商务培训班的教材。

- ◆ 主　　编　万晨曦　邱新泉
　　　副主编　宋　莹　张　璐
　　　责任编辑　刘　琦
　　　责任印制　焦志炜
- ◆ 人民邮电出版社出版发行　　北京市丰台区成寿寺路 11 号
　　邮编　100164　电子邮件　315@ptpress.com.cn
　　网址　http://www.ptpress.com.cn
　　临西县阅读时光印刷有限公司印刷
- ◆ 开本：700×1000　1/16
　　印张：16.5　　　　　　　　2019 年 1 月第 1 版
　　字数：330 千字　　　　　　2020 年 7 月河北第 3 次印刷

定价：68.00 元
读者服务热线：**(010)81055256**　印装质量热线：**(010)81055316**
反盗版热线：**(010)81055315**
广告经营许可证：京东市监广登字 20170147 号

前言

编写目的

电子商务的本质之一是将视觉转换成购买力，如何通过吸引人的图文设计让店铺商品在众多竞争对手中脱颖而出，吸引顾客浏览并下单购买，是在进行网店店铺装修时需要重点考虑的问题。为了满足越来越多的人对淘宝店铺设计的学习需求，我们编写了本书。

本书包含多个案例，通过不同的案例来介绍网店不同板块的设计，帮助读者掌握网店设计的理论知识和操作技能，提高读者美工设计的综合素质。

平台支撑

"微课云课堂"目前包含近50 000个微课视频，在资源展现上分为"微课云""云课堂"这两种形式。"微课云"是该平台中所有微课的集中展示区，用户可随需选择；"云课堂"是在现有微课云的基础上，为用户组建的推荐课程群，用户可以在"云课堂"中按推荐的课程进行系统化学习，或者将"微课云"中的内容进行自由组合，定制符合自己需求的课程。

❖ **"微课云课堂"主要特点**

微课资源海量，持续不断更新：微课云课堂"充分利用了人民邮电出版社在信息技术领域的优势，以其60多年的发展积累为基础，将资源经过分类、整理、加工以及微课化之后提供给用户。

资源精心分类，方便自主学习："微课云课堂"相当于一个庞大的微课视频资源库，按照门类进行一级和二级分类，以及难度等级分类，不同专业、不同层次的用户均可以在平台中搜索自己需要或者感兴趣的内容资源。

多终端自适应，碎片化移动化：绝大部分微课时长不超过10分钟，可以满足读者碎片化学习的需要；平台支持多终端自适应显示，除了在PC端使用外，用户还可以在移动端随心所欲地进行学习。

内容特点

本书各章内容按照"基础知识讲解—实操案例解析—行业技能展示"这一思路进行编排，章节内容中既包含了知识点的讲解，又有美工设计的案例实操解析，最后还通过"行业技能展示"模块介绍美工行业的实战技能，以帮助读者综合应用所学的知识。

基础知识讲解：简单介绍淘宝店铺美工设计的基础知识，如规格尺寸、营销要求、配色方案等内容，同时结合美工设计的要求，有针对性地介绍软件的操作知识。

实操案例解析：在知识讲解的基础上，精心挑选课堂案例，通过对课堂案例操作过程的详细解析，使读者快速掌握软件的基本操作以及美工设计的基本思路，达到巩固所学知识的目的。

行业技能展示：介绍电商行业美工设计的最新技能，让读者了解行业设计应用中的核心知识点，提升读者的实际操作能力。

学时安排

本书的参考学时为38学时，讲授环节为26学时，实训环节为12学时。各章的参考学时参见以下学时分配表。

章	课程内容	学时分配	
		讲授	实训
第1章	淘宝美工必备技能	2	0
第2章	淘宝店铺设计的视觉要素	2	0
第3章	淘宝商品图片的收集和优化	2	1
第4章	淘宝商品图片的后期处理	2	1
第5章	淘宝视频的后期剪辑与合成	2	1
第6章	淘宝店铺首页设计	3	2
第7章	淘宝宝贝详情页设计	3	2
第8章	淘宝设计图的切割与优化	2	1
第9章	手机淘宝页面的设计	2	2
第10章	淘宝促销常用推广图设计	2	2
第11章	化妆品店铺页面设计	4	0
课时总计		26	12

资源下载

为方便读者线下学习及教师教学，本书提供书中所有案例的微课视频、基本素材和效果文件，以及教学大纲、PPT课件、教学教案等资料，用户可通过扫描封面二维码进入课程界面进行下载。

致　　谢

本书由万晨曦、邱新泉担任主编，由宋莹、张璐担任副主编。另外，相关专业制作公司的设计师为本书提供了很多精彩的商业案例，也在此表示感谢。

编　者

2018年8月

序言

　　51RGB 在线教育是南昌利百加传媒有限公司倾力打造的职业技能在线培训机构，该机构于 2009 年 5 月正式成立，致力于为学习者提供实用、优质的课程。我们的宗旨是：打造高端教育品牌、追求卓越教学品质，为每一位学习者提供优质的教学和贴心的服务。

　　我们立足市场需求，精心设置专业课程，以期培养出能够胜任市场需求的综合型优秀人才。我们拥有国内顶尖的师资团队——Adobe 专业讲师、国际 4A 设计总监、BAT 高级开发工程师等行业专家。目前课程涵盖实用软件、IT 与互联网、职场技能、市场营销（平面设计、UI 设计、电商美工、影视设计、网站程序开发、网络营销）等多个专业方向。51RGB 在线教育多年来为业界输送了大量人才，许多毕业学员已经成为公司的中流砥柱甚至高管，参与制作的知名项目不计其数，教学品质得到学员的一致认可。

　　我们为选用本书的读者提供了以下配套服务：

　　（1）专业的课程辅导学习群（QQ 群号：539028889），群内老师可以为读者答疑解惑并提供学习辅导；

　　（2）100GB 学习资源福利包，获取相关资源请加入资源群（QQ 群号：106737321）；

　　（3）本书还提供了直播学习服务及每日更新的视频教程，方便读者随时随地打开手机学习，添加微信号 aitycn 即可获取相关资源。

51RGB 在线教育

2018 年 8 月

目录

第一篇　美工设计入门篇

第二篇　图片视频后期处理

第三篇　淘宝店铺设计和优化

第四篇　综合案例制作

第一篇

美工设计入门篇

第1章
淘宝美工必备技能

　　有别于传统线下商店的购物模式，网上购物只能通过视觉、品牌和销量等方面的信息来激发顾客的购买欲望。在拥有海量商品的购物网站中，给顾客留下深刻印象是非常重要的，只有"装修"得精致、美观、专业的店铺，才更能引起买家的共鸣，从而实现商品销售的目的。在这个过程中，淘宝美工就是店铺视觉设计的执行者，要完成这些工作就必须掌握相关的基本知识。

1.1　了解淘宝美工

淘宝美工是淘宝店铺页面美化工作者的统称。淘宝美工和传统美工既有共同的特征，也有一定的区别。要弄清楚二者之间的相同和不同，首先需要对淘宝美工有一个系统的认识。

↘ 1.1.1　什么是淘宝美工

美工一般是指对平面、色彩、构图和创意等进行设计处理的职位，如平面美工、网页美工等。淘宝美工是随淘宝网站的发展而产生的一种新职业，其主要工作是对网站页面进行设计、美化，制作网店促销海报，把物品照片制作成宝贝描述中需要的图片，以及设计电子宣传单等。淘宝美工的主要任务在于给消费者带来好的视觉体验，同时达到引导销售和提高成交率的目的。如图1-1所示，左侧为经过设计的淘宝店铺首页，右侧为淘宝默认的店铺首页。

图 1-1

↘ 1.1.2　淘宝美工应该掌握的基础知识

由于淘宝店铺首页和宝贝页面的模块都有自己固定的格式和规格，稍有偏差就可能引起页面版式错位，从而造成后期大量修改。因此，在对淘宝店铺各个模块设计前，还需要掌握以下基础知识。

1. 图像像素和分辨率

像素即px，它是构成位图的基本单位，也是屏幕中最小的点。一张位图是由水平及垂直方向上的若干个像素组成的，放大后会发现一个个有色彩的小方块（常规是正方形，还有其他形状）。图像中包含的像素越多，图像的信息量就越大，文件也越大，图像的质量也就越好。图1-2所示为将一张图片放大后看到的像素点。

图 1-2

分辨率是用于描述图像文件信息的术语，分辨率常分为图像分辨率和屏幕分辨率。

图像分辨率： 图像分辨率是指每英寸图像内的像素点数，它决定了位图图像细节的精细程度，其单位为像素/英寸（dpi）。分辨率越低，像素点变大，图片质量越低。分辨率越高，像素点变小，图片也越清晰逼真。

屏幕分辨率： 屏幕分辨率是显示器屏幕每行的像素点数×每列的像素点数，即宽度（px）×高度（px）。屏幕分辨率越高，所呈现的色彩越多，清晰度也越高，所占存储空间就越大。

2. 图像大小

图像大小常会被理解为图片尺寸或图片所占的空间大小。实际上，图片尺寸和图片大小是不一样的。

图片尺寸： 图片尺寸的单位为像素（px），也可以用厘米、毫米和英寸等表示。当图片尺寸用像素表示的时候，与分辨率在概念上会有重合。

图片大小： 图片的大小是指图片文件所在的存储空间的多少，单位是bit（字节）、KB（千字节）和MB（兆字节）。

3. 位图与矢量图

位图也称为点阵图，是由称作像素的单个点组成的，这些点可以进行不同的排列和染色以构成图样。位图与图像的像素和分辨率都有关系，位图放大后，其图像会显示为像素块。

矢量图也叫向量图，是一种基于图形的几何特征来描述的图像，矢量文件中的图形元素称为对象。矢量图中的每个对象都是一个自成一体的实体，它具有颜色、形状、轮廓、大小和屏幕位置等属性。矢量图与分辨率无关，可以将其设置为任意大小，清晰度不会改变，也不会出现锯齿现象，放大后同样显示为清晰的边缘，如图1-3所示。

图 1-3

4. 文件格式

　　图片的文件格式有多种，而常用于淘宝店铺页面设计的图片格式有JPEG、PNG、GIF等，如图1-4所示。

　　下面简单介绍这几种常见的图像格式。

图 1-4

　　PEG格式：JPEG格式即JPG格式，是最常用的一种图像格式，它在获取极高压缩率的同时能展现十分丰富的图像，具有调节图像质量的功能，允许用不同的压缩比例对文件进行压缩，支持多种压缩级别。因此，大多数有丰富细节和色彩的图片都会采用JPEG的文件格式，它也是最适合应用于互联网的文件格式。

　　PNG格式：PNG格式是一种无损压缩的图像格式，使用这种图像格式能够保证图像质量，同时也可以减小体积。PNG格式同JPGE等格式不同，它可以支持透明效果，可以为原图像定义256个透明层次，使彩色图像的边缘能与任何背景平滑地融合，从而彻底消除锯齿边缘。Photoshop中可以存储为PNG-8（即显示28种颜色）和PNG-24（即显示224种颜色）。

　　GIF格式：GIF的文件格式一般用于存储动态图片，它分为静态GIF和动画GIF。GIF格式是一种压缩位图格式，它同样支持透明背景图像，适用于多种操作系统，网上的很多表情包的动画都是GIF格式的。但是GIF有个极大的缺点，就是它只能显示256色。

　　当然，除了淘宝网店常用的几种图片格式外，美工还需要了解一些其他常见的文件格式，如PSD、RAW、TIF等格式。

　　PSD/PDD格式：PSD格式和PDD格式都是Photoshop CC自身的专用文件格式，支持从线图到CMYK的所有图像类型，但通用性不强。PSD格式和PDD格式能保存图像数据的细小部分，如图层、通道等Photoshop CC对图形进行的其他处理信息。这两种文件格式因为包含的细节太多，因此存储的容量大，占用的磁盘空间较多。

　　RAW格式：RAW格式是一种常用于数码单反相机的保存格式，该文件格式基本上是一个没有经过任何图像处理的源文件，它能原原本本地记录相机拍摄到的信息，没有因为图像处理（如锐化、增加色彩对比）和压缩而造成的信息丢失，但需要用特别的软件来打开这些文件，如ACDSee、Photoshop、Lightroom等。需要注意的是不同的相机厂商对于RAW文件拓展名是不同的。

　　TIF/TIFF格式：TIF/TIFF格式被广泛用于对图像质量要求较高的图像的存储和转换，该格式支持256色、24位真彩色、32位色、48位色等多种色彩位，同时支持RGB、CMYK等多种色彩模式。在Photoshop中编辑的TIF格式可以存储路径和图层。

Tips

在Photoshop中制作的设计图，建议在保存的时候先保存为PSD格式的文件，以便下次修改。对于一些需要用到的图片，可以另存为其他的格式。

5. 色彩模式

常用的颜色模式为RGB模式，另外还有CMYK模式、HSB颜色模式、Lab颜色模式、位图模式、灰度模式、索引颜色模式、双色调模式和多通道模式等色彩模式。

下面对常用的RGB模式和CMYK模式进行简单介绍。

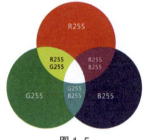

图 1-5

RGB模式：RGB颜色模式是工业界的一种颜色标准，通过对红（R）、绿（G）、蓝（B）3个颜色通道的变化以及它们相互之间的叠加来得到各式各样的颜色，RGB即代表红、绿、蓝3个通道的颜色，这个标准几乎包括了人类视力所能感知的所有颜色，是目前运用最为广泛的颜色系统之一，也是最适于在屏幕上观看的颜色模式，如图1-5所示。

CMYK模式：CMYK模式是最佳的打印模式。CMYK代表印刷上使用的4种颜色，C代表青色（Cyan），M代表洋红色（Magenta），Y代表黄色（Yellow），K代表黑色（Black）。在实际应用中，青色、洋红色和黄色很难叠加成真正的黑色，因此引入了K——黑色。黑色的作用是强化暗调，加深暗部色彩，如图1-6所示。

图 1-6

Tips

在屏幕上显示的图像一般都用RGB模式来表现；在印刷品上显示的图像一般则是用CMYK模式表现，如书籍、报刊、宣传画等，都采用的是CMYK模式。

↘ 1.1.3 淘宝美工需要掌握的设计原则

淘宝美工在淘宝店铺的视觉设计上除了要符合大众审美外，还应该添加一些独特的视觉效果设计。例如，为店铺设置与众不同的搭配色彩，为商品设计不同的结构版式等，这些都是吸引消费者的重要因素，可以迅速拉近卖家和买家的距离。

1. 把握店铺的整体风格

店铺的风格决定了消费者最直观的消费体验，店铺定位与店铺经营的商品决定了消费群体，所以把握店铺的风格及定位是美工设计的重中之重。

一些优秀的淘宝店铺在店铺设计上会要求风格统一，且会根据品牌和商品的特点来设计主题风格与版面。如图1-7所示，该店铺首页和详情页的设计风格都偏简洁、清新和日系。

图 1-7

2. 遵循设计审美的原则

设计店铺页面并不是随心所欲地在界面中添加图片或元素，要想店铺页面更整洁美观，必须遵循一定的设计原则。

特色鲜明： 设计页面时，在和谐、均衡和突出重点的原则上，可以使用不同的色彩来组合搭配，体现店铺的特色和理念。

搭配合理： 无论色彩搭配还是图文搭配，都应该以消费者的良好视觉感受为前提。

艺术创意： 要想给消费者留下更深刻的印象，设计页面时，在考虑店铺本身特点的基础上，可以大胆创新，让店铺更有特色，使店铺在同类店铺中脱颖而出，如图1-8所示。

图 1-8

1.2 熟悉淘宝美工工作流程

淘宝美工在对店铺的相关页面进行设计前，需要先了解美工工作的具体流程，对自己的工作范围和职责有一定的认识。

↘ 1.2.1 做好前期工作

美工接到设计任务时，应该先和店铺的相关人员进行沟通，了解他们的店铺定位，熟悉店铺与商品，为设计工作做好准备。

1. 与运营的沟通

美工的前期沟通工作主要是和运营进行沟通。网店运营的职责一是制定营销策略吸引顾客，即"引流"；二是思考"顾客看了什么内容会买单"，这就涉及商品基础信息和卖点介绍等文案的内容，以及根据客户心理来整理文案的先后顺序。

美工在和运营沟通时，后者可能会提供店铺或商品的相关信息或风格，或者只是给出一个简单的想法，美工就要围绕他的思路来构建画面。如果运营人员有详细的思路，那就需要相关人员提供一个策划方案，如文案、主题画面表达等，美工只需要按照这个思路用自己的方式来展现运营所要表达的内容即可。因此，文案、图片甚至运营的意见对美工来说都只是素材，美工要对自己的作品负责，就需要从美学角度按照自己的想法来规划素材。

Tips

有的运营可能并不是很懂设计，那就需要美工从页面设计的角度出发与运营沟通页面细节，如果美工只听运营的，那就变成了大家常说的"外行指导内行"，所以美工一定要对商品有自己的理解。

2. 注意网店店铺版本

美工在进行设计时，了解淘宝店铺版本也是很有必要的，店铺版本不一样，其图片尺寸也会不一样。目前淘宝平台的旺铺版本主要有基础版（免费）、专业版（1钻以下免费，1钻以上50元/月），以及最新的智能版（99元/月）。不同的旺铺版本装修模块和图片尺寸会有所差别。各旺铺版本的相关信息，可以在店铺首页页尾单击 旺铺 智能版 超级链接进行查看，图1-9所示为旺铺智能版的功能展示界面。

图 1-9

↘ 1.2.2 规划素材

任何设计都离不开素材的使用，如果所有素材都自己制作，无疑会花费美工很多的时间。因此，确定店铺风格后，美工可以先规划好可能会用到的素材，按一定规律存储在计算机中，方便设计时直接使用。

设计中用到的素材可以通过素材网站来查找和收集，如千图网、昵图网、花瓣网等，如图1-10所示。

图1-10

下载素材时，要注意素材的版权，有的素材能直接使用，有的则不能，不能用于商用的素材需要自行购买。

除了在网络中下载素材图片外，还可以通过相机拍摄商品图片和视频来获取素材，然后导入计算机中进行整理规划，以便美工在后期设计中能快速找到素材并进行处理，提高工作效率。

1.2.3 修饰图片和视频

规划好素材后，可以使用相关处理软件来进行美化处理，制作淘宝店铺中的广告图、首页、详情页和商品小视频等。图片的制作和美化处理主要通过Photoshop软件来完成，视频素材则需要利用视频剪辑软件进行编辑，图1-11所示为Photoshop CC 2017的启动界面。

图1-11

处理素材图片时，应该对淘宝店铺中各模块常用的图片尺寸有所了解。下面以淘宝集市店铺为例介绍各模块的图片尺寸和文件大小要求，如表1-1所示。

表1-1

项目	图片尺寸（宽×高）	文件大小	备注
主图	700像素×700像素/800像素×800像素	不超过500KB	
店招	950像素×120像素	不限	
店招+导航	950像素×150像素		其中导航高度为30像素
首页海报/轮播图	950像素×（100～600）像素		宽度超过950像素的图片尺寸可自定，一般为1920像素或1440像素
页头/页面背景图	不限	200KB以内	
店标标识	80像素×80像素	80KB以内	
旺旺头像	120像素×120像素	10MB以内	

↘ 1.2.4 添加热点

在淘宝店铺首页和详情页中，可以通过单击图片、文字或按钮打开对应的网页，这是因为在这些位置添加了超级链接。切片处理的目的就是把需要添加链接的位置单独分割出来，为其添加一个超级链接，即在每个需要单击触发新网页的地方，都需要设置相关的热点网页地址。淘宝店铺首页上需要添加热点的图片较多，如店铺导航的各个类别、热卖宝贝图片、购买按钮等，在图1-12所示的图片中，导航的各个部分都需要对其添加热点。

图 1-12

对图片添加热点会使用到网页编辑软件Dreamweaver，先将图片都上传到图片空间，得到图片的地址后可以在Dreamweaver中编辑代码，并更改相应模块的热点地址（在后面的章节中会详细讲解图片的热点操作）。

↘ 1.2.5 上传图片到空间

网店图片空间是在店铺中上传和发布照片的必要"中转站"。装修淘宝店铺时，将需要用到的图片上传到图片空间，可以避免使用外网图片存储空间，从而避免了图片打开速度慢或不能打开等情况的发生。

登录淘宝网，在页面的最上方单击"卖家中心"超级链接，打开"卖家中心"网页，在左侧"店铺管理"栏中单击"图片空间"超级链接，即可打开"图片空间"网页，在其中可上传图片，如图1-13所示。

图 1-13

↘ 1.2.6 熟悉视频制作流程

为了让顾客全方位地了解商品，很多店铺会在相应位置添加商品小视频。制作这种小视频，需要先拍摄视频素材，再对视频进行剪辑，最后得到需要的视频效果。

下面对制作视频的大体流程进行简要介绍。

捕获与导入素材：制作视频的第一步，需要从摄影机或其他视频源中捕获媒体素材，将其导入计算机中，包括视频、照片和音频等。

　　素材剪辑：将视频添加到视频编辑软件，即可在软件中对素材视频进行剪辑，包括将素材进行排列、修剪与组接，按照先后顺序添加到不同的编辑轨道中。

　　添加转场和特效：为视频添加复叠素材、转场和特效效果，可以让视频变得更加丰富多彩。

　　添加字幕：为视频适当添加字幕，可以帮助顾客理解商品的功能。

　　添加音频：添加视频字幕后，还可以根据需要为视频添加背景音乐或旁白。

　　输出视频：完成视频制作后，可以将其输出为淘宝平台支持的视频格式。

1.3　掌握必备软件

　　淘宝美工在制作图片或视频时，需要掌握必备的软件操作技能，如会熟练运用图像处理软件Photoshop以及视频处理软件会声会影等。

1.3.1　图像处理软件Photoshop

　　Photoshop，简称"PS"，它是由Adobe Systems开发和发行的一款图像处理软件。Photoshop主要处理由像素构成的数字图像，可以有效地进行图片编辑工作，其功能强大，在图像、图形、文字、视频等各方面都有广泛的应用。

　　本书所用的Photoshop版本为Photoshop CC 2017，启动Photoshop CC 2017后，任意打开一个图像文件，即可看到Photoshop CC 2017的工作界面，工作界面主要包括菜单栏、工具属性栏、工具箱、图像窗口、面板和状态栏等，如图1-14所示。下面主要介绍工具箱、工具属性栏、面板及状态栏。

图1-14

1. 工具箱

Photoshop CC 2017的工具箱包括选择工具、绘图工具、填充工具、编辑工具、颜色选择工具、屏幕视图工具和快速蒙版工具等，如图1-15所示。在键盘上按下工具对应的字母键，即可快速切换到相应工具。

下面对工具箱的相关操作进行介绍。

切换工具箱显示状态： Photoshop的工具箱可以根据需要在双栏和单栏之间切换，方法是单击工具箱上方的双箭头图标 ▟ 。

显示隐藏的工具： 在工具箱中，多数的工具右下角都有一个小三角图标 ◢ ，表示该工具下还有隐藏的工具。在该图标上单击鼠标，并按住鼠标左键不放，即可显示隐藏的工具，将鼠标指针移动到需要的工具选项上并单击，即可选择该工具。

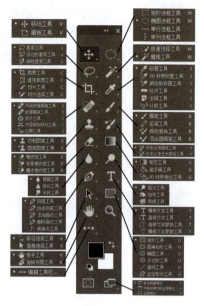

图 1-15

恢复工具箱的默认设置： 要恢复工具的默认设置，可以在选择该工具后，在其属性栏中用鼠标右键单击工具图标，在弹出的快捷菜单中选择"复位工具"命令即可，如图1-16所示。

图 1-16

2. 工具属性栏

选择某个工具后，会出现相应的工具属性栏，在其中可以对该工具的属性参数进行设置。图1-17所示为钢笔工具的属性栏和模糊工具的属性栏。

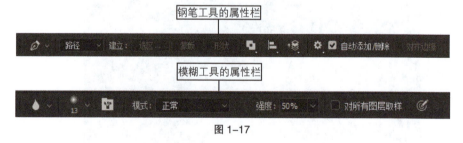

图 1-17

3. 面板

面板是Photoshop的重要辅助工具，它可以帮助用户完成大量的操作任务。一般情况下在工作界面的右侧只显示了一部分面板，要打开其他面板，可以选择"窗口"菜单，在弹出的菜单中选择相应的面板命令即可。图1-18所示为Photoshop界面上默认打开的面板。

4. 状态栏

状态栏用于显示图像的大小、比例等，在状态栏中的"显示比例"文本框中输入数值，按【Enter】键确认，可以改变图像的显示比例。单击状态栏右侧的 按钮，在打开的菜单中可以选择状态栏的显示内容，包括显示文档尺寸、暂存盘大小和存储进度等，如图1-19所示。

图 1-18   图 1-19

1.3.2 视频剪辑软件会声会影

会声会影是一款功能强大的视频编辑软件，具有图像抓取和编辑功能，可导出多种常见的视频格式。其最主要的特点是操作简单，适合个人、家庭日常使用。

启动会声会影，任意打开一个视频文件，即可看到会声会影的工作界面，界面主要由步骤面板、菜单栏、预览窗口、导览面板、工具栏、项目时间轴、素材库、素材库面板和选项面板组成，如图1-20所示。下面主要介绍菜单栏、步骤面板、预览窗口和导览面板、工具栏、选项面板、项目时间轴。

图 1-20

1. 菜单栏

菜单栏中提供了各种菜单命令，用于项目的打开、保存、编辑和设置等，如图1-21所示。

2. 步骤面板

会声会影将视频的制作简化为3个步骤，单击步骤面板中的相应按钮，可在各步骤之间进行切换，如图1-22所示。

图 1-21　　　　　　　　　　　　　　图 1-22

捕获：该步骤包括捕获和导入视频、照片及音频素材。

编辑：该步骤是启动会声会影默认打开的界面，而"时间轴"是会声会影的核心，视频素材的编辑都是在其中完成的，包括插入素材、排列素材、编辑和添加效果等。

共享：该步骤可以将制作的视频导出为不同的格式，或直接导出到磁盘或相关设备中。

3. 预览窗口和导览面板

预览窗口和导览面板主要是用于预览和编辑素材，在其中单击相应的按钮可以对视频进行播放、结束、控制音量等操作，如图1-23所示。

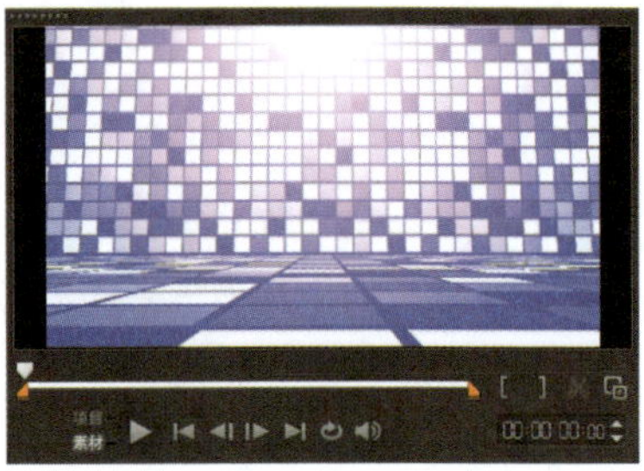

4. 工具栏

通过工具栏，可以方便快捷地单击不同的编辑

图 1-23

按钮，进行有效编辑，且能在"项目时间轴"上放大和缩小项目视图，如图1-24所示。

图 1-24

下面对工具栏上的各个按钮名称和功能进行介绍。

故事版视图 ▇▇：单击该按钮后，在"故事版视图"中将按时间顺序显示媒体缩略图，如图1-25所示。

图 1-25

时间轴视图 ▇▇：默认显示的视图，可以对不同轨道的素材进行精确到帧的操作。

撤销 ↻：单击该按钮，可以撤销上次操作。

恢复 ：单击该按钮，可以恢复上次撤销的操作。

录制/捕获选项 ：单击该按钮后，显示"录制/捕获选项"面板，在其中可进行捕获视频、导入文件、录制画外音和抓拍快照等操作，如图1-26所示。

混音器 ：单击该按钮，可以进入"混音器视图"模式，如图1-27所示。通过该面板可以实时调整项目中音频轨的音量和音频轨中特定的音量，以及设置音频素材的淡入淡出效果。

图 1-26

图 1-27

自动音乐 ：单击该按钮，可以打开"自动音乐"面板，在其中提供了不同类别的歌曲，添加到时间轴上会根据项目素材的长度来进行修剪，如图1-28所示。

图 1-28

自动跟踪 ：在时间轴上选择视频素材后，单击该按钮，可打开"自动跟踪"窗口，在其中可设置瞄准并跟踪的对象，创建路径，然后对其进行马赛克操作，或链接文本和图形等元素，如图1-29所示。

字幕编辑器 ：在时间轴上选择视频素材后，单击该按钮，可打开"字幕编辑器"窗口，在其中可根据视频中的音频来设置字幕，如图1-30所示。

图 1-29

图 1-30

多相机编辑器：在创建项目之后，可以将不同的相机在同一时刻捕获到的视频镜头组合在一起。

缩放控件：通过拖到滑动条和按钮来调整"时间轴"上视频素材的显示跨度。

将项目调到时间轴窗口大小：单击该按钮，可将项目视频调整到适合于整个"时间轴"的跨度。

项目区间：显示了整个项目视频的时间长度。

5. 选项面板

单击界面中的 选项 按钮可打开选项面板，如图1-31所示。选项面板会随轨道和素材的不同而发生变化，其中选项卡中的控制和选项页会根据素材的不同而变化。单击 按钮可隐藏选项面板。

图 1-31

6. 项目时间轴

所有的视频素材、标题、声音、音乐等各种元素都是以不同的轨道显示在时间轴上的，对视频的编辑也是在时间轴上进行操作的，如图1-32所示。

图 1-32

下面对时间轴上的各个按钮名称和功能进行简单介绍。

时间轴标尺：拖动标尺可以确定当前视频的预览或编辑位置。

显示全部可视化轨道：单击该按钮，可以显示项目中的所有轨道，再次单击即可取消显示所有轨道。

轨道管理器：单击该按钮，可打开"轨道管理器"对话框，在其中可设置轨道的数量，如图1-33所示。

图 1-33　　　　图 1-34

添加/删除章节点：单击该按钮，可以在时间轴的时间条上添加/删除章节点或提示点，双击添加的章节点 可以对其进行重命名，如图1-34所示。

Tips

单击"添加/删除章节点" 按钮右侧的下拉按钮 ，在打开的菜单中可选择相应的命令对章节点或提示点进行管理。

禁用视频轨 ：单击该按钮，可禁用视频轨道，再次单击可显示该轨道。

禁用复叠轨 ：单击该按钮，可禁用复叠轨道，再次单击可显示该轨道。

禁用标题轨 ：单击该按钮，可禁用标题轨道，再次单击可显示该轨道。

禁用声音轨 ：单击该按钮，可禁用声音轨道，再次单击可显示该轨道。

禁用音乐轨 ：单击该按钮，可禁用音乐轨道，再次单击可显示该轨道。

启用/禁用连续编辑 ：单击该按钮，可以锁定或启用轨道的连续编辑操作。

自动滚动时间轴 ：预览的素材超出当前视图时，单击该按钮，可以启用或禁用项目时间轴的滚动。

滚动控制 ：通过单击"向后滚动"按钮和"向前滚动"按钮，或直接拖动滚动条来控制项目时间轴的显示。

行业技能展示

1. 适合设计师的手机App推荐

随着移动网络的发展，很多设计公司除了拥有PC端网站外，也开发了移动端的App，所有数据都会在两个端口同步更新。下面推荐几款常用的设计类App，美工们可以多浏览各平台中的作品，与设计师们在线交流，以激发设计灵感，提升设计能力。

Dribbble：该App主要面向创作家、艺术工作者、设计师等创意人群，提供作品在线服务，供网友在线查看已经完成的作品或者正在创作的作品，如图1-35所示。

Behance：该App每天都会从各种领域中发现新作品，是著名的设计社区，在该App上，创意设计人士可以随意展示自己的作品，也可以分享别人的创意作品，这对设计师的灵感激发很有帮助，如图1-36所示。

站酷：该App是国内优秀的设计平台，致力于促进设计师之间的交流与互励，将创意作品进行更广泛的传播与推介，以提高中国原创设计的影响

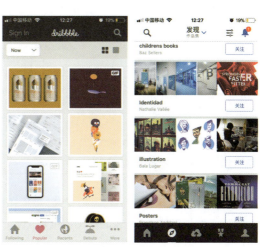

图1-35　　　　　　　　图1-36

力。该平台汇集了中国大部分专业的设计师、插画师、摄影师、艺术院校师生等设计创意群体，如图1-37所示。

　　榫卯：榫卯是一款优质的国产 App，它将一些有趣的榫卯构造以三维建模的形式重现出来，让用户可以从各个角度对它们进行观察和研究，特别适合爱好文艺的设计师，如图1-38所示。

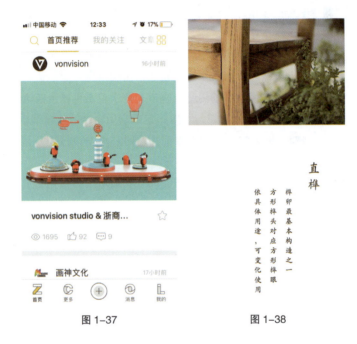

图 1-37　　　　　　　　　　　　　　图 1-38

　　LOFTER：该App是网易公司2011年8月下旬推出的一款轻博客产品。该App上每天都有超过500万幅生活方式作品诞生，该App汇聚了各个领域的品质生活家与生活达人、摄影师、插画师、手作匠人、美妆分享、穿搭爱好者、手账作者、健身爱好者、美食爱好者等，如图1-39所示。

　　涂鸦王国：该App是国内精英插画师社交网站，涂鸦王国以原创插画为主要核心内容，作品风格多样，涉及行业广泛，如图1-40所示。

2. 淘宝美工的自我提升

　　淘宝美工的工作对商品销售、商品转化率等都有重要的影响。如果说一家淘宝店铺的营销额中，40%是运营的功劳，那么美工的功劳至少也应该有30%，剩下的30%则是客服和其他辅助岗位的功劳。

　　正是由于美工工作的重要性，因此美工还需要不断地进行自我提升，掌握一些其他的软件，如矢量软件Illustrator、CorelDRAW、网页编辑软件Dreamweaver等，除了软件外，美工还要懂一些摄影和绘画。

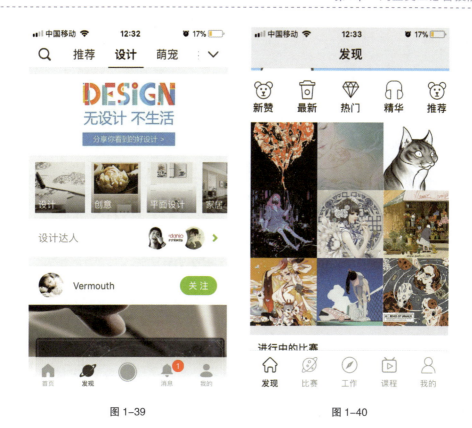

图 1–39   图 1–40

Illustrator/CorelDRAW： 该软件和Photoshop都是Adobe公司的产品，它们之间的关联性很强，共同的快捷键也很多，相互协作使用很方便；而CorelDRAW现在大多用于做平面广告，虽然功能上和Illustrator相差无几，但如果是和Photoshop协作，还是用Illustrator更好。

Dreamweaver： 与其说是要会用Dreamweaver，不如说是要懂代码。要装修店铺并将其呈现出来，就需要懂一些简单的代码；若实在不懂代码，可以多去找几个代码生成网站，大部分淘宝天猫能用的简单代码，很多网站都能一键生成。

摄影与绘画： 好的摄影照片能为美工节约很大一部分修图的时间，而绘画对设计的帮助也很大，比如现在很多店铺的页面都会在字体、背景上使用插画元素。

Tips

淘宝美工的一切设计最终都是以销售为目的的，优秀的设计作品不仅要凸显美，而且还要注重作品所传达的信息。因此，美工在设计店铺页面时，要考虑怎样才能给购买者留下深刻的印象。

第2章　淘宝店铺设计的视觉要素

随意打开某个网上店铺的首页，可以发现首先给我们带来视觉冲击的是店铺的色彩和版式，这说明好的配色可以触动人心，让人产生共鸣；而且店铺搭配固定的色系和辅助图形，可以凸显和强化店铺的品牌。通过本章的学习，读者可以了解视觉设计的基本要素，掌握店铺色彩、文字和版式的合理搭配方法。

2.1 了解网店视觉设计

随着电商业务的发展，加入淘宝创业的人越来越多，相同类型店铺的增加，使顾客的选择余地增大，怎样让店铺从视觉设计上脱颖而出，引起顾客关注，是淘宝美工工作的重点。

2.1.1 什么是视觉设计

视觉设计是为现代商业服务的艺术设计，包括标志设计、广告设计、包装设计、店内外环境设计、企业形象设计等方面，这些设计都是通过视觉形象传达给消费者的，因此也称为"视觉传达设计"。

视觉设计还需要从营销的角度来考虑，因为"不会运营的美工不是好美工""不会美工的运营不是好运营"，这就要求美工不仅需要有美工技能，还要熟悉淘宝店铺的运营，特别是要掌握图片营销和视觉营销的技巧。图片的传达才是决定店铺转化率的关键因素，因此，设计店铺页面时，文字和图片不是随意放上去的，其位置、大小等都有讲究。

Tips

美工对店铺的设计有无影响，最终是体现在数据中的。通过在淘宝后台对数据的查看和分析，可以找出推广存在的问题并进行优化。如对直通车推广图的点击率（CTR）、点击转化率、平均点击花费（PPC）和核心的产出比（ROI）等数据进行查看分析，其方法是进入卖家中心，单击左侧列表中的"营销中心"下的"我要推广"超级链接，然后在右侧页面中单击淘宝/天猫直通车模块下的"即刻提升"按钮，在打开的页面中查看详细数据，如图2-1所示。

直通车的常用计算公式：点击率=点击量÷展现量×100%

点击转化率=成交数÷点击量×100%

平均点击花费=花费÷点击量

图2-1

2.1.2 视觉设计的目的

什么样的视觉设计才能达到引起顾客关注，进而促进成交量的目的呢？下面通过几个方面来具体介绍。

留住顾客：视觉设计的主要目的是快速吸引顾客的注意力，使其对店铺商品感兴趣。因此，美工在设计页面时就要注意强调顾客关注的信息，如第二件半价、一元购物等。

视觉感受：好的视觉设计能在色彩、内容、版式上让人心情愉悦，因此，在页面设计上要条理清晰、整洁新颖，让顾客的感官得到满足，充分发挥视觉设计的效果。图2-2所示为良品铺子的天猫店铺页面，其在色彩和版式上都较为统一，且色系搭配都保持一致。

加深印象： 店铺的定位明确，有统一的色彩和辅助图形搭配等，可以强调店铺形象，加深店铺给人的印象。

图 2-2

2.2 店铺配色方案

色彩在店铺的视觉设计中是非常重要的，成功的色彩规划不仅要做到协调、和谐，而且还应该有层次感和节奏感，能吸引顾客进店，并在各种画面中给顾客制造惊喜。一个没有经过色彩规划的店铺往往是杂乱无章、平淡无奇的，顾客在购物时容易产生视觉疲劳，没有购物的激情，所以店铺更加需要用色彩来唤起顾客的购买欲望。

2.2.1 无彩色系和有彩色系

色彩可以分无彩色系和有彩色系两类。无彩色系一般是指黑、白、灰色系列，有明有暗；有彩色系指包括在可见光谱中的全部色彩，常见的有红、橙、黄、绿、青、蓝、紫等颜色。下面分别进行介绍。

无彩色系： 在设计色彩时，经常要用到黑色、白色、灰色等无彩色系中的颜色，相对于有彩色而言，其没有明显的色相偏向，也称为中性色。它们中的任何一色都能与彩色当中的任何颜色搭配调和，因此，若有彩色系中的两色发生矛盾冲突时，可以采用无彩色来使之达到互相连接、调和的效果。图2-3所示为无彩色搭配。

有彩色系： 有彩色系是指除黑色、白色和灰色外的所有彩色，有彩色是由光的波长和振幅决定的，波长决定色相，振幅决定色调，如图2-4所示。有彩色系的颜色具有3个

图 2-3

图 2-4

基本特性：色相、饱和度（也称彩度、纯度）、明度，在色彩学上也称为色彩的三大要素或色彩的三属性。

↘2.2.2　色彩的三要素

色彩的三要素主要是指色彩的色相、明度和饱和度，任何一种颜色都是由这3个要素组合而成的。在Photoshop中可以通过"图像/调整/色相/饱和度"命令打开"色相/饱和度"对话框，来调整图像的三要素，如图2-5所示。

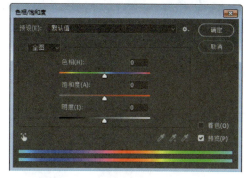

图2-5

1. 色相

色相，即各类色彩的相貌称谓，能够比较确切地表示某种颜色的名称，如大红、普蓝、柠檬黄等。色相是色彩的首要特征，是区别各种不同色彩的最准确的标准，任何黑白灰以外的颜色都具有色相的属性。

最初的基本色相为红、橙、黄、绿、蓝、紫，在各色中间加插一种中间色，可制出12种基本色相色环。按光谱顺序为：红、红橙、橙、橙黄、黄、黄绿、绿、蓝绿、蓝、蓝紫、紫、紫红，如图2-6所示。

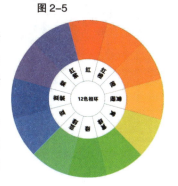

图2-6

通过色环的不同角度，可以得到基本的色彩组合。

互补色：互补色是指色轮（色环）上那些呈180°对称的颜色。比如蓝色和橙色、红色和绿色、黄色和紫色等。互补色有非常强烈的对比效果，在颜色饱和度很高的情况下，利用对比色可以创建很多十分震撼的视觉效果图，如图2-7所示。

相似色：相似色是指在色轮上相邻的3个颜色。相似色是选择相近颜色时十分不错的方法，可以在同一个色调中制造丰富的质感和层次，如图2-8所示。

对比色：对比色是指色环上间隔120°的两种颜色间的对比，同时任何颜色的灰度变化都是以对比色关系为基础的，如图2-9所示。

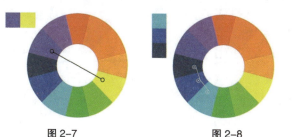

图2-7　　　　　　　　　图2-8　　　　　　　　　图2-9

图 2-10

图 2-11

2. 饱和度

饱和度是指色彩的鲜艳程度，也称色彩的纯度。饱和度越高，颜色越鲜艳；饱和度越低，颜色越暗淡。纯的颜色都是高度饱和的，如红、绿；一种纯的颜色如果混杂上白色、灰色或其他色调的颜色，则是不饱和的颜色，如绛紫、粉红、黄褐等，如图2-10所示。

3. 明度

明度是指颜色的明朗程度，即颜色的亮度，任何颜色都有深浅、明暗的变化，如同色相的红色就存在着从淡红、粉红到深红等明度变化，如图2-11所示。

↘ 2.2.3 色彩与产品的搭配技巧

人们认识某一类产品，总会想到它的造型和色彩，所以色彩作为设计的一个重要构成元素，通常会用来传达产品的某些信息。同时，在产品的色彩设计中把形、色、质的综合美感形式与人机环境的本质有机结合起来，就可取得完美的造型效果。

在运用色彩进行产品设计时，应该从产品的市场定位、产品卖点、包装设计和广告策略等多个方面来考虑，让人从色彩上就能知道这是什么品牌的产品。不仅如此，产品的广告界面设计的色彩使用也应该和产品相呼应，如图2-12所示。

图 2-12

↘ 2.2.4　店铺配色方案的确定

在装修店铺之前，应该首先了解店铺的定位、主要消费人群等基本信息，然后再根据这些信息选择主色系。下面介绍几种常用的店铺配色方案。

1.　红色系

红色系常运用于体现喜庆、热闹、激发别人欲望或要表达强烈情绪的电商海报设计中，同时它还经常作为点缀色出现，以强调某个重要信息。在设计一些大型的活动专题页时，红色是运用得最为广泛的一种颜色，用得好的红色可以让页面看上去有质感，显得高档耐看，如图2-13所示；用得不好则会显得俗气和臃肿，甚至使页面压抑。

图 2-13

2.　橙色系

橙色没有红色那么强烈的视觉冲击力，它可以用来表现卡通、童趣、轻松、快乐的氛围，其本身色调平衡性较好，不但能强化视觉感受，还能通过改变色调来营造出不同的情绪氛围。橙色既能表现出活力，也能传达出稳重感，因此，常会用于体现年轻活力、家庭生活、水果以及代表秋天的页面设计中，如图2-14所示。

3.　黄色系

黄色是所有色彩中亮度最高、最醒目的颜色，它可以体现出年轻、活泼和轻时尚的感觉，也可以体现一种卡通、童趣、趣味的格调。在进行颜色搭配时，黄色常和红色、黑色和白色来搭配，这些色彩的对比度大，容易形成画

图 2-14

面的层次感，突出商品主体；而与蓝色、绿色及紫色搭配时，能形成轻快的时尚感，如图2-15所示。

4. 紫色系

紫色是很多女性喜欢的色彩，可以用于表现女性优雅、高贵的气质，并且带有梦幻神秘的色彩。紫色常用于首饰、高端化妆品等商品类型的页面设计，如图2-16所示。

图 2-15

图 2-16

紫色属于冷色调，在进行颜色搭配时，同系色彩能表现出宁静优雅的感觉；紫色中加入少量的互补色，则能在宁静的氛围中表现出华丽与开放感；紫色与粉色、黄色、蓝色等进行搭配时，能让页面的整体色调对比强烈；紫色与白色搭配时，能让页面看起来更加简洁、大气和优雅；而紫色与黑色搭配时，能让情绪氛围显得更神秘。

图 2-17

5. 绿色系

绿色本身就有环保的含义，因此常用于家装、家居、户外用品等方面的设计，以及一些提倡自然、环保、纯净、卫生的产品设计中。绿色系属于冷色系，所以店铺在使用绿色系时，可以搭配红色、黄色或蓝色等辅助色，如图2-17所示。同时，为了视觉感官上的和谐，店铺页面在使用该色系时不宜大面积使用饱和度高的绿色。

6. 蓝色系

蓝色是冷色调中最具代表性的中心色，也是使用非常广泛的一种颜色。在店铺页面设计的色彩搭配中，蓝色可以代表清新自然，也可以代表高端、时尚、大牌。比如一些护肤品会采用蓝色基调来突出品质感，给人干净、清爽、冰凉的感觉。除此之外，蓝色因其本身所具有的商务、稳定、安全的格调，也常用于表现科技、数码家电类产品的页面设计中，如图2-18所示。

7. 无彩色系

无彩色系搭配是指用白色、灰色和黑色来设计页面，其既可作为主色系也可以作为辅助色来搭配设计。这类页面会给人干净、整洁、高档和优雅的感觉，因此，常用于的化妆品、居家用品、手表、家居和奢侈品等行业，如图2-19所示。

图 2-18　　　　　　　　　　　　　　　　　　图 2-19

2.3　营销文案策划

在淘宝店铺的促销活动中，除了画面结构的表达外，文案也是非常重要的。一则优秀的营销文案可能比页面结构更能引起消费者的注意，而如何让文案具有吸引力和可读性，是店铺和产品页面设计的重点。

2.3.1　文案的表现方法

对于淘宝店铺来说，文案是买家对宝贝的第一感觉，优秀的、有意思的文案一方面可以更好地介绍活动内容或商品特点，引起买家的注意，另一方面能增加买家对品牌的印象，增强顾客的信任度。

1. 文案的目标受众

策划淘宝文案之前，先要找准目标人群。这一步是整个淘宝文案策划的基础，可以通过淘宝指数来了解商品的具体消费人群。

2. 目标受众的需求

了解了商品的目标受众后，需要针对这些人群的需求来具体分析，只有根据分析结果写作的文案才能吸引顾客，引起顾客兴趣。

3. 文案的主题

文案的主题通常体现在两个方面，一是以商品的某一特点为主题；二是以折扣、活动等为文字来表达促销主题，如图2-20所示。

图 2-20

4. 文案的视觉表现

文案的视觉表现是指在不影响阅读的情况下，通过字体变形、颜色、特效等方式来表达文案的主题，以突出宣传的重点，如图2-21所示。

图 2-21

↘ 2.3.2 店铺的文案分布

淘宝店铺的文案无处不在，无论是店招、海报、主图、详情页，还是店外宣传等都有大量的文字信息，但在不同的位置，需要的文案也有所不同。

1. 店内页面

店内的页面主要包括首页、详情页和活动页等，这些页面的文案，内容主要包括活动的说明、商品的说明以及店铺的说明等。

首页文案： 首页由许多不同的模块组成，不同的模块其文案内容也不一样，包括店招文案、海报文案、优惠券文案、导航文案和页尾文案等。

详情页文案： 详情页文案的主要作用是吸引买家阅读，从产品卖点、买家兴趣等方面来引导买家购买商品，如图2-22所示。

图 2-22

活动页文案： 从店铺活动、淘宝活动和重大节日活动的不同，来策划符合当前活动的文案，如"双十一"、年中大促、中秋节、情人节等活动文案。

2. 店外广告

店外广告主要是指钻石展位、直通车和聚划算等，其主要目的是吸引买家并获得点击量，这类文案要尽量简洁地阐述卖点，如图2-23所示。

图 2-23

↘ 2.3.3 文案写作技巧

从吸引买家注意力到点击购买，文案都起到了至关重要的作用。下面介绍几种常见的文案写作技巧，以提高文案的可读性。

增强消费信心： 从营销的角度抢占心智制高点，暗示卖家商品的靠谱、权威、受欢迎程度，可使用热卖、畅销等词语。

突显专业性： 一是与同行对比，从细节上突显产品质量；二是通过专业知识告诉买家，如何判别真假。这种方法多用于详情页文案的写作。

强调商品品质： 若商品本身的价格较低，容易引起买家关于质量问题的误解，那么这时候，除了强调图片表现外，还可以使用文案来重点突出商品品质。这种方法多用于主图和详情页的文案写作。

强调商品价值： 若是商品本身的价格高，那么就要从商品价值出发，说明为什么价格更高，解答买家疑问。

抓住买家痛点： 产品用于解决什么问题，买家的购买动机是什么？文案可以从这些问题出发，抓住买家的痛点，刺激消费，如图2-24所示。

图 2-24

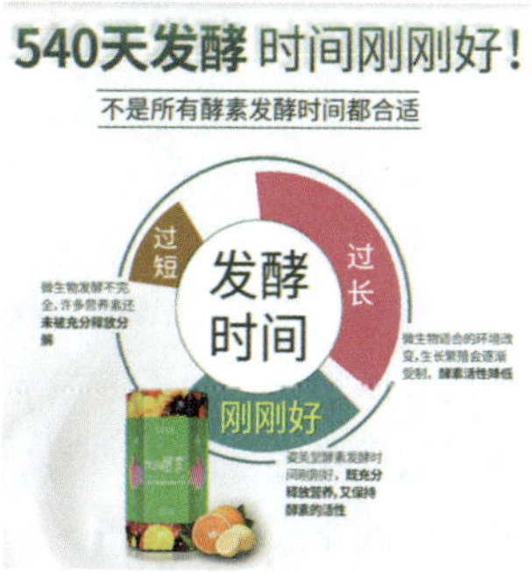

图 2-25

细化商品说明： 尽量图文结合分解宝贝细节。这是因为有的买家不喜欢咨询客服，同时，一个好的详情解说可以减轻客服的接待压力，但是要注意表达的逻辑，要适可而止，如图2-25所示。

消除买家疑虑： 要提升买家的信任，消除买家疑虑，可以通过强化商品品牌文化、权威认证和无理由退换货等途径来实现，如图2-26所示。

图 2-26

2.4 个性字体设计

淘宝店铺页面设计通常离不开字体的编排设计，字体的形式和应用门类繁杂多样，它与色彩、图形共同作为核心要素进行信息传达。在视觉艺术中，字体扮演着重要的角色。

↘ 2.4.1 常见字体风格

对字体的风格进行分类，有助于设计师抓住字体之间的微妙区别，从而以一种全新的方式对字体进行编排，进一步为页面设计更合适的字体。在设计中，常见的字体风格主要分为以下几种。

1. 无衬线字体

无衬线字体专指西文中没有衬线的字体，与汉字字体中的黑体相对应。无衬线字体没有衬线，字符末梢无任何花饰，它们的笔画字重统一，轴线完全垂直，拥有相同的曲率、笔直的线条，以及锐利的转角。无衬线字体在正文排版中显得比较密实，且设置为小字号时也能清晰辨认，因此常被广泛地用于阅读文本当中，如图2-27所示的两个标识的字体。

图 2-27

2. 衬线字体

衬线字体容易识别，从每个字笔画的开始到结束，不仅会有额外的装饰，笔画的粗细也会产生变化。不过由于其强调横竖笔画的对比，在远处观看时横线就容易弱化，从而导致识别性下降，如图2-28所示。宋体是一种最标准的衬线字体，因此一直被认为是最适合的正文字体之一。

图 2-28

3. 粗衬线字体

把无衬线字体的粗体特征和衬线字体强调的水平特征相结合，就形成了粗衬线字体。粗衬线字体的特征是笔画的字重全部保持一致。由于衬线和字干具有相同的字重，粗衬线字体的字身比常规字体要宽大一些，如图2-29所示。

图2-29

4．过渡字体

过渡字体笔画的对比度得到极大地加强，且其韵律感非常明显，字弧与字干连接迅速，如图2-30所示。

图2-30

5．旧体字体

旧体字体以笔画字重的有机对比为特征，其笔画通常是用毛笔或钢笔来设计而成的，弯曲部分具有呈角状或倾斜的轴线。旧体字体通常表现为苍劲古朴，朴素无华，饱含古时风韵，能给读者一种怀旧的感觉，这种个性的字体适用于传统产品和民间艺术品等主题，如图2-31所示。

图2-31

6．变体字体

变体字体是一种稍显童稚、具有装饰效果的标题字体。变体字体富有视觉表现力，但不宜用于长篇文本中，该字体包括从书写获得灵感而创造的奇特而复杂的书写体，以及具有说明或概念功能的特殊字体。变体字体造型生动活泼，有鲜明的节奏韵律感。这种个性的字体适用于儿童用品、运动休闲、时尚产品等主题，如图2-32所示。

图 2-32

↘ 2.4.2 怎样选择合适的字体

页面的颜色和字体，决定了店铺页面的风格、和谐度，以及是否能够准确地传达信息。因此，美工对字体的选择和使用是至关重要的，字体的选择配合页面设计，通常可以达到意想不到的效果。如果字体选择不恰当、配合不和谐，可能会导致输出的信息不能有效地被消费者接受。

1. 适合男性产品的字体

一般来说，男性的特点表现为硬朗、粗犷、菱角、稳重、成熟、大气、力量等，如果产品是给男性使用的，字体设计时就要结合这些特点来选择，如使用线条较粗或菱角分明的字体等。

一般男性化的字体会被大量运用在以"男性为主要从业人群"和"男性为主要消费人群"等类型的产品设计中，如体育运动、竞技游戏、剃须刀、男装等产品，以及需要充满激情、热血沸腾且男性特征明显的促销活动设计中，如图2-33所示。

图 2-33

2. 适合女性产品的字体

相应地，女性的特点表现为柔软、气质、时尚、纤细、可爱、苗条、曲线等，如果产品的主要消费人群是女性，字体设计时就要结合这些特点来选择，如使用字形有粗细变化或线条纤细的字体等。

女性化的字体会被大量应用在以女性为消费主体的产品设计中，如爱情类、鲜花类、珠宝配饰类、女性用品、护肤品、化妆品等，如图2-34所示。

图 2-34

3. 可爱的卡通字体

当看到一种字体我们觉得它很可爱、很卡通时，必然是因为它满足了我们意识里的卡通形象特征，卡通字体的特征一般表现为活泼、可爱、呆萌、肥圆、调皮等。卡通字体主要应用在婴儿产品、儿童产品和卡通手绘页面中，如图2-35所示。

图 2-35

4. 文艺、民族风的字体

文艺、民族风的字体特征一般表现为舒适、安静、复古、优美、雅致、慢生活、素雅、文静等，通常会选择笔画纤细或毛笔类型的字体，如无印良品的设计大多都偏向文艺的感觉，且在排版时会采用竖式排版，如图2-36所示。

图 2-36

5. 书法字体

书法字体的特征一般表现为古典、大气、洒脱、流畅、霸气等，通过简洁的线条，演绎出魅力无穷的视觉艺术形象，表现丰富的内涵，极具表现力和感染力。书法字体通常会被用于传统文化艺术、促销活动等场景中，如图2-37所示。

图 2-37

↘ 2.4.3 文字的排版规则

在视觉媒体中，文字的排版可以直接影响版面内容的视觉传达，选择适合页面风格的字体，同时对版面文字进行重组、排版，能有效提高页面的设计效果，给顾客带来强烈的视觉冲击。

1. 字号大小

字号大小可以用不同的方式来计算，如磅、像素等。如果在一个画面中需要安排的文字内容较多，美工可以使用较大的字号制作标题，或在其他需要强调的地方，使用小一些的字号表达辅助信息，做到主次有别，便于顾客浏览到页面的重要信息，如图2-38所示。

图 2-38

2. 文字间距

文字间距是指文字与文字、文字与字母或字母与字母之间的距离，为了阅读和视觉的舒适度，要注意适当控制文字的间距。

3. 文字行距

文字行距是指多行文字之间行与行的距离，文字行距的变化会对文本的可读性产生很大影响。适当的行距可以形成一条明显的水平空白带，以引导读者的目光，但行距过宽则会导致文字失去延续性。

4. 文字的图形化

文字的图形化，是指把重要的文字作为图形元素来表现，既强调它的美学效应，同时又强化了原有的信息表达功能。将文字图形化、意象化，以更富创意的形式表达出深层的设计思想，能够摆脱画面的单调与平淡，从而打动人心，如图2-39所示。

图 2–39

5. 文字的重叠

在不影响文字阅读效果的情况下，文字与图像或文字与文字之间可以叠置，这样能够产生空间感、跳跃感、透明感、杂音感和叙事感，从而使页面变得活跃和令人注目，如图2-40所示。

图 2–40

↘ 2.4.4　文字的创意设计

对文字进行笔画的重新整合与创新，可以让文字的感染力变得更强，为画面带来更震撼的视觉冲击力。下面介绍几种常见的文字创意设计。

1. 替换法

替换法是指根据文字内容的意思，用某一形象替代字体的某个部分或某一笔画，将文字的局部替换掉，使文字的内涵外露，这样会使得文字在形象和感官上都增加了一定的艺术感染力，如图2-41所示。

图 2–41

2. 共用与连笔法

笔画共用与连笔是文字图形化创意设计中广泛运用的形式，可以从文字的构成角度来查看文字笔画之间的异同，寻找笔画之间的内在联系，找到它们可以共同利用的条件并进行提取与合并，从而产生一种新的视觉效果，如图2-42所示。

3．叠加法

叠加法是指将文字的笔画互相重叠或将字与字、字与图形相互重叠的一种表现手法。叠加法能使图形产生空间感和层次感，如图2-43所示。

图 2-42   图 2-43

4．与图形组合法

与图形结合法是指根据文字内容的意思，将文字与图形有机地组合起来，这种巧妙的组合与表现将会让单调的文字形象变得生动和丰富，如图2-44所示。

5．分解重构法

分解重构法是指将熟悉的文字或图形打散后，通过不同的角度审视并重新组合处理，主要目的是发掘出新的设计美感，如图2-45所示。

图 2-44   图 2-45

6．"断肢"法

"断肢"法是指在能识别的情况下，把一些完整的字，适当地断开一笔来，如把左边断一截或右边去一截，组合成一种新的文字形式，如图2-46所示。

7．错落摆放法

错落摆放法是指把文字左右排列改为左上或左下、上下排、斜排、一边高一边低等其他排列方式，让文字错落有致，如图2-47所示。

图 2-46   图 2-47

Tips

字体设计的成功与否，不仅在于字体本身，同时也在于字体的运用是否得当。如果画面中的文字排列不当、拥挤杂乱、缺乏流动感，不仅会影响字体本身的美感，而且也不利于顾客进行有效的阅读，最终难以产生良好的视觉传达效果。

2.5　版式设计

版式设计是指根据设计主题和视觉需求，在预先设定的有限版面内，运用造型要素和形式原则，根据特定主题与内容的需要，将文字、图片及色彩等视觉传达信息要素，进行有组织、有目的的组合排列的设计行为与过程。为了更好地传达店铺和产品信息，淘宝美工需要对店铺的页面进行版式设计。

2.5.1　版式设计的四大基本原则

在众多的版式设计中，大体都是遵循着亲密性、对比、重复和对齐4个基本原则。下面分别进行介绍。

1.　亲密性

亲密性是指把画面中的元素进行分类，把每一个分类做成一个视觉单位并归组在一起，而不是让众多元素孤立地分布于画面中。亲密性有助于组织信息、减少混乱，为读者提供结构清晰的画面。

2.　对比

对比的基本思想是要避免页面上的元素太过相似，相似的元素如字体、颜色、大小、线宽、形状、空间等容易引起视觉疲劳，不能有效突出重点。对比可以让信息更准确地传达，内容更容易地被找到、被记住，如图2-48所示。

图 2-48

需要注意的是，丰富的画面色彩对比可以让顾客的大脑受到刺激从而感到兴奋，能够做到信息的有效传达，但颜色对比过于强烈，也会造成视觉疲劳。

3.　重复

重复是指设计中的视觉要素在整个画面中反复出现，包括颜色、形状、材质、空间关系、线宽、字体、大小和图片等。重复既能增加条理性，还可以加强画面的统一性和和谐性，如图2-49所示。

4. 对齐

对齐是指画面中的元素不能随意安放，每个元素都应当与页面上的另一个元素有某种视觉联系，这样能建立一种清晰、精巧而且清爽的外观。常见的对齐方式有左对齐、右对齐、居中对齐和对称对齐等。图2-50所示为居中对齐。

图 2-49   图 2-50

Tips

在单一页面的版式设计上，字体的种类最好不要超过3种，字体用得太多反而会破坏板式设计感。

↘ 2.5.2 淘宝店铺排版技巧

在对淘宝店铺的各个元素进行版式设计时，掌握一些实用的排版技巧是非常必要的，下面介绍几种常见的淘宝店铺排版技巧。

1. 使画面中的文字更具吸引力

在浏览一个店铺时，能够直接吸引用户目光的通常并不是图片，大多数通过偶然点击进入店铺的顾客，吸引他们的是宣传信息而不是图片。因此，保证店铺设计凸现出最重要的信息模块，这才是设计的首要原则。

2. 符合顾客的浏览习惯

顾客普遍的浏览方式呈"F"状，即顾客在浏览店铺页面时，首先进入其视线范围的是页面的上层部分，之后顾客会再往下阅读，浏览右边的内容。因此，在进行页面设计时，要保证重要的信息集中于这些关键区域，这样可以吸引顾客继续浏览。

3. 慎用花哨的字体和格式

花哨的图片和字体会让顾客认为是广告，而并非他们所需要的信息。事实上，顾客很难在拥有大量颜色且字体或图片花哨的版式中寻找到所需的信息，所以设计应该保持页面的有序和清爽，不要为了华而不实的页面，让重要的信息被忽略。

4. 干净、清晰的大图能吸引更多的视觉注意

在浏览页面时，人们更倾向于查看那些能够清晰地看到细节和信息的图像，即版式中的图片要清晰，表达的内容也要简单、可读。值得注意的是，人物模特放松且自然地展示商品，比呆板、刻意地展示商品的图片更容易获得顾客的认可，如图2-51所示。

图 2-51

5. 适当留白

页面信息过量会导致顾客不能第一时间获取有效信息，他们即便当时记住了页面提供的大部分内容，之后也会很快忘记。因此，适当的留白，保持页面的简洁，给顾客预留出一些视觉空间，是非常重要的，如图2-52所示。

图 2-52

6. 避免使用大面积的文字

在浏览页面时，一般的顾客并不会花费时间去阅读大段的文字内容，无论它们有多重要或写得多好。因此，在设计时，可以将这些文字分解为若干小段落，与图片搭配设计，如图2-53所示。

行业技能展示

图 2-53

1. 适合新手的渐变色网站

相较于单色背景来说，渐变色看起来更有活力，渐变色用得好往往事半功倍，但如果配色难看，做成渐变效果只会雪上加霜。近几年很多淘宝店铺的页面都喜欢使用渐变色作为背景，同时选用高画质、高分辨率的免费图库相片来制作首页海报。对于美工新手来说，制作出好看的渐变色具有一定的难度，下面就介绍3个渐变色网站，帮助美工做出好看的渐变色。

CoolHue：CoolHue是一个相当实用的渐层背景网站，其提供大约30种不同配色的渐变背景，这些背景可以免费下载为图片格式或生成CSS3语法；同时，每个色块下面还会提供颜色的色值，如图2-54所示。

uiGradients：uiGradients是一个在线分享渐变色的网站，里面是已经配好的渐变色，它能根据需要的色系进行筛选。从其网站上的导航栏中选中一个颜色后，下面的页面中会显示出该色系下的所有配色，如图2-55所示。

图 2-54

图 2-55

Web Gradients：Web Gradients是一个美工们经常用到的UI背景渐变颜色组合网站，目前提供180个渐变色彩，可以作为网站任何部分的内容背景。该网站还有很多格式供美工选择，如 PSD、PNG以及可直接复制成一段CSS渐变代码，如图2-56所示。

图 2-56

2. 书法字体设计方法

书法字在设计上的运用非常常见，如用毛笔书法字来表现中国风、古典风以及需要表达强劲的视觉冲击效果的风格等。下面便从字库字体中或者利用网上书法字体生成的方法来讲解如何去创作书法字。

　　利用字库书法字体或在线生成书法字体应该是很多美工最常用的书法字体设计方法，因为利用这些方法，美工们不用考虑自己的书法功底与技巧如何。这类书法字体自身便具有设计感，但是缺少一些书法本身的气韵。这时可以从网上下载一些书法笔触素材，根据字体本身的书写规则，为其添加一些毛笔笔触，或替换笔画，这样，在保留原有的形态结构的同时，又能突出个性风格。图2-57所示即为字库的书法字体和书法笔触结合而成的。

图 2-57

Tips

　　在线书法字体生成网站推荐"书法迷"网站，生成需要的书法字体后可以将其保存为PNG、JPG格式，以及矢量格式，如图2-58所示。

图 2-58

第二篇

图片视频后期处理

第3章

淘宝商品图片的收集和优化

　　无论是店铺首页还是宝贝详情页，都包含大量的商品图片，使用优质的商品图片更能体现店铺的专业性，同时还能提升商品的品牌形象。店铺装修前，需要通过拍摄来获取商品图片，再将拍摄的图片导入计算机进行处理优化。本章将介绍收集商品图片及优化商品图片的方法。

3.1 收集商品图片和素材

一家淘宝店铺的页面中会有大量的图片，消费者可以通过这些商品图片来了解商品的相关信息，图片的质量与装修效果将直接影响到商品的转化率。

3.1.1 通过专业摄影获取商品图片

商品图片一般包括商品主图图片和详情页中的图片，这些图片都是通过拍摄得到的。虽然可以通过软件对商品图片进行后期处理，但拍摄风格和角度是无法改变的，因此在拍摄前，需要统一规划好每种商品的拍摄风格，让店铺页面效果看起来更加专业。

1. 拍摄器材准备

要拍摄商品，首先需要了解常见的拍摄器材，然后再根据拍摄要求及具体的商品来选择摄影器材。

数码相机： 拍摄商品最好选择单反相机，且相机要有很好的微距功能，并应优先选择具有全手动功能的相机，如自定义白平衡等功能，如图3-1所示。

三脚架： 有了三脚架的辅助，就不用担心由于快门速度或相机抖动所造成的对焦不准的问题，这样在拍摄的时候能更加得心应手地用慢快门、小光圈来表现商品细节，特别在微距拍摄和长时间拍摄的过程中，借助三脚架能让拍摄更轻松。如图3-2所示。

外接闪光灯： 商品拍摄时，不管在室内还是在室外，都需要利用灯光来补充环境光的不足，从而使拍摄的照片更明亮清晰。大品牌的相机都会自带闪光灯，不过价格一般比较昂贵，可以购买一款第三方出品的闪光灯外接在相机上，如图3-3所示。

图 3-1　　　　　　　图 3-2

摄影台与摄影棚： 对于小件物品，且数量种类较多，并且有反光的商品时，使用柔光摄影棚是个不错的选择，如图3-4所示；对于大件物品，只要有光线充足的平台就可以，如桌子、写字台和床都可以作为拍摄平台使用。

图 3-3　　　　　　　图 3-4

2. 商品主图的拍摄

为了能让买家更好地了解商品品质和提高购物体验，一般的商品主图会有整体拍摄图和细节拍摄图，在拍摄商品前，首先要站在买家的角度来确定商品的主要关注点，让买家全方位地了解商品信息。主图图片的拍摄要注意以下几个方面。

图 3-5

● 商品的主图一般有5张图片，展示顺序分别为：商品正面图（允许模特图）、商品背面图或侧面图，以及具有品质和特色的3张细节图，如图3-5所示。

● 所有主图必须是同一款商品，图片要求是正方形，图片大小为800像素×800像素。

● 若一款商品有多个颜色，5张商品主图建议统一为一种颜色，其他颜色主图可在宝贝详情页展示。

● 在商品细节表现上，服装类商品应包括款式特写、做工特写、材质特写和配件特写等，其他商品的特写可根据自身情况决定。

● 微距拍摄商品细节时，商品细节必须占该张图片70%的位置。

● 商品细节图片必须单独拍摄，不能在原主图上进行裁剪。

3. 商品详情页图片的拍摄

商品详情页是影响商品成交转化最重要的因素之一，制作详情页首先需要优质的商品图片，然后完成图片的后期处理，最后再设计制作而成。也就是说，详情页的具体展示内容需要摄影师、美工、运营等共同对商品和消费者分析后决定。

图 3-6

整体大图拍摄：拍摄商品正面或背面，一般以单色为背景，如图3-6所示。

多角度拍摄：对于一些非常立体的商品，经常会进行多角度拍摄，如图3-7所示。如果需要制作360°动态旋转展示的GIF动画图片，那么在拍摄时，以45°为单位进行拍摄，如0°拍一张，45°拍一张，90°再拍一张，依此类推。

图 3-7

参数信息拍摄：对于一些特殊的商品，可能需要测量商品尺寸或对商品进行称重等，如图3-8所示。

图 3-8

款式颜色拍摄：多颜色或多款式的商品需要将每种颜色、款式分别拍摄出来，然后再进行后期美化，如图3-9所示。

图 3-9

各种细节拍摄：拍摄出能体现商品质量、特色、功能、卖点的一些细节，如图3-10所示。

图 3-10

模特图拍摄：拍摄模特效果图，能让买家更了解商品，从而提高商品的转化购买率，如图3-11所示。

图 3-11

场景展示拍摄：拍摄商品真实的使用场景，如图3-12所示。

图 3-12

包装拍摄：拍摄商品的吊牌、发货时的包装以及所包含的附赠等，如图3-13所示。

图 3-13

商品的证书资质拍摄：拍摄能证明商品实力的资质报告、证书等，如图3-14所示。

图 3-14

Tips

因为不同商品的性质特点不相同，因此需要根据商品的实际情况来分析具体需要拍摄哪些图片。为了拍摄的便利，在确定了详情页的具体内容后，可以使用表格来统计要拍摄的图片。

4. 将拍摄的照片导入计算机中

在拍摄时，可以尽量多角度地拍摄商品，拍摄完成后再将照片导入计算机中进行后期处理，如调色、尺寸裁剪等。下面介绍如何将相机中的照片导入计算机中。

01 将相机的数据线与计算机连接，稍后计算机会自动识别相机并安装驱动，打开相机所在的磁盘，如图3-15所示。

02 进入磁盘，依次打开相应的文件夹，如图3-16所示。

图 3-15　　　　　　　　　　　　　　　　图 3-16

03 打开照片文件夹后，可以看到相机内存卡里面的照片，如图3-17所示。

04 框选或按住【Shift】键选择要导入计算机的多张照片，单击鼠标右键，在弹出的快捷菜单中选择"复制"命令，或直接按【Ctrl+C】组合键，如图3-18所示。

图 3-17　　　　　　　　　　　　　　　　图 3-18

05 在计算机中新建一个文件夹，更改文件夹的名称，如图3-19所示。

06 打开新建的"照片"文件夹，单击鼠标右键，在弹出的快捷菜单中选择"粘贴"命令，或直接按【Ctrl+V】组合键，如图3-20所示。

07 此时，即可将需要的照片导入计算机中，如图3-21所示。

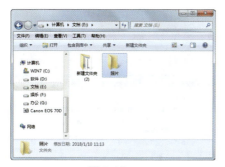
图 3-19

图 3-20

图 3-21

↘ 3.1.2 通过免费素材网站获取素材

店铺的素材图片主要来源于两个方面，一是通过拍摄获得商品相关的素材图片，二是通过素材网站获取所需要的素材图片。下面通过千图网下载相关的素材图片，其具体操作步骤如下。

01 打开浏览器，进入"百度"网站首页，在搜索框中直接输入"千图网"，按【Enter】键即可打开搜索结果页面，单击相关的超级链接，如图3-22所示。

02 在打开的网站中输入素材的关键字，按【Enter】键完成搜索，找到需要下载的素材缩略图，单击"下载"按钮 ↓，如图3-23所示。

图 3-22

图 3-23

[03] 在打开的网页浏览器窗口中单击"普通下载"按钮，如图3-24所示。

[04] 在打开的对话框中选中"保存文件"单选项，再单击 [浏览...] 按钮选中文件的存放位置，然后单击 [确定] 按钮即可，如图3-25所示。

图 3-24

图 3-25

Tips

在下载图片之前，需要先登录网址，且要注意如果使用互联网上的图片素材，尤其是用作商用时，要特别注意图片的版权问题。

↘ 3.1.3　购买素材图库省心省力

在互联网上收集图片素材，容易涉及版权问题，因此，在商用时可以购买一些素材图库，既节省收集时间又避免了版权问题。

淘宝网：在淘宝网上可以购买图片素材，价格便宜，图片质量也非常不错。

图 3-26

图 3-27

站酷海洛网：站酷海洛是Shutterstock中国独家合作伙伴，站酷旗下正版素材在线交易平台，拥有正版图片、正版视频、正版音乐素材等，专注于为设计、广告以及各类行业提供低价安全的商用素材，如图3-26所示。

我图网：我图网是设计作品交易平台，主要经营正版设计稿、正版摄影图、正版插画、正版3D模型、正版Flash源文件等。设计公司可通过网站购买设计稿来获得作品，设计师可以通过出售设计稿获得利润，如图3-27所示。

PIXTA：PIXTA是一个高品质写真素材网站，在该网站中可以搜索图片、插图、视频等类型的素材，也可搜索美容、彩妆模特等，如图3-28所示。

Tips

虽说昵图网、千图网等网站提供免费素材下载，但免费的素材每天都是定量的，若是对素材需求量较大，可以从网站上购买素材套餐。

图 3-28

3.2　调整商品图片的尺寸

无论是拍摄的商品图片，还是从网上下载的素材图，为了让其贴合店铺的图片规定尺寸，有时需要将图片裁剪到合适大小，而对图片进行操作之前，需要先将图片导入到Photoshop中。

↘ 3.2.1　将拍摄的照片导入到Photoshop

在编辑图像前，需要先打开图像文件。下面启动Photoshop软件，打开需要编辑的照片，其具体操作步骤如下。

01 启动Photoshop软件，在"开始"工作区单击 打开… Ctrl+O 按钮（或按【Ctrl+O】组合键），如图3-29所示。

02 打开"打开"对话框，在其中选择需要打开的文件，单击 打开(O) 按钮，或双击要打开的文件，即可打开指定的图像文件，如图3-30所示。

图 3-29

图 3-30

Tips

在Photoshop中打开或导入图片的方法很多，具体如下：①单击工作区中的文件缩略图可打开近期处理过的文件；②选择"文件/打开"命令；③找到需要打开的文件，直接将其拖动到Photoshop中。使用第③种方法打开图像时，还需要注意，若Photoshop中已经有打开的图像文件，需要将图像拖曳到属性栏上，此时鼠标指针变为形状，释放鼠标后才会以新的图像窗口打开文件；若是拖曳到之前打开的图像里，则会置入图像文件。

↘ 3.2.2 裁剪商品图片

案例名称	裁剪商品图片
素材文件	素材/03/照片.jpg、照片1.jpg、照片2.jpg
视频文件	扫右侧二维码

不同的图片，裁剪的方法也会不一样，下面就通过自定义裁剪、固定尺寸裁剪以及角度裁剪的方法，来具体讲解如何裁剪照片。

1. 自定义裁剪

拍摄的照片可能会出现周围空白区域太多的情况，为了突出商品主题，可以在原图基础上裁剪出合适的图像区域，其具体操作步骤如下。

01 启动Photoshop软件，打开素材文件"照片.jpg"，按【Alt】键的同时滚动鼠标滑轮，放大图像内容，如图3-31所示。

02 选择工具箱中的裁剪工具，保持默认设置，然后在图像上单击并拖曳鼠标，绘制一个裁剪区域，如图3-32所示。

图 3-31

图 3-32

03 若裁剪的区域不合适，还可拖曳裁剪框周围的框线，调整裁剪框的大小，如图3-33所示。

04 完成后按【Enter】键，或单击工具属性栏上的"提交当前裁剪操作"按钮，即可确定裁剪，如图3-34所示。

图 3-33

图 3-34

Tips

　　使用Photoshop处理图片时，建议在最开始的时候就将文件保存在需要的存储位置，并在操作过程中不断地按【Ctrl+S】组合键保存文件，以免带来不必要的损失。

2. 固定尺寸裁剪

　　对于一些固定尺寸的图片，可以将照片在Photoshop中按照规定尺寸进行裁剪，其具体操作步骤如下。

01 打开素材文件"照片1.jpg"，选择工具箱中的缩放工具 ，单击工具属性栏中的"适合屏幕"按钮 适合屏幕 ，将图片以合适大小显示，如图3-35所示。

02 选择"图像/图像大小"命令，在打开的"图像大小"对话框中可以查看图片的尺寸，如图3-36所示。

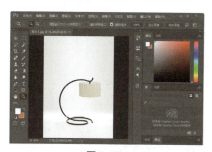
图 3-35

图 3-36

03 选择工具箱中的裁剪工具 ，在其工具属性栏中设置相关数值，然后拖曳图像调整裁剪的区域，如图3-37所示。

04 按【Enter】键即可确定裁剪，如图3-38所示。

图 3-37

图 3-38

3. 角度裁剪

在拍摄商品时，为了更好地展示商品，可能会以不同的角度进行拍摄，拍摄出来的照片就会出现倾斜现象，这时可使用Photoshop对其进行调整，具体操作步骤如下。

01 打开素材文件"照片2.jpg"，选择工具箱中的裁剪工具 ，在其工具属性栏中单击"拉直"按钮 。

02 在图像上根据瓶身拉出一条参考线，此时，在图片上将会自动显示出裁剪区域，如图3-39所示。

03 按【Enter】键即可确定裁剪。

图 3-39

Tips

角度裁剪时，若拉出的裁剪参考线不准确，还可将鼠标指针移动到裁剪框的4个角上，当4个角变为旋转箭头形状时按住鼠标左键，可直接旋转图像，从而进一步调整裁剪区域。

↘ 3.2.3 将图片存储为Web所用格式

为了避免在打开网页时图片加载过慢，在存储图片时可以使用"存储为Web所用格式"命令，这样存储后的图片在保证了清晰度的前提下，图片的大小也会减小。

选择"文件/导出/存储为Web所用格式"命令，或直接按【Alt+Shift+Ctrl+S】组合键，打开"存储为Web所用格式"对话框，在右侧的各种选项中可以设置导出图片的格式、品质、图像大小等，如图3-40所示。

图 3-40

行业规范

在"存储为Web所用格式"对话框中，品质数值越高，画面越清晰，图片占用的存储空间越大；品质数值越低，画面越模糊，图片占用的存储空间越小。

3.3 调整商品图片的色调

在拍摄商品图片的过程中，由于拍摄设备、光线、时间等外在原因，会导致拍摄出来的照片与实际商品的颜色、清晰度等有所偏差，这时可使用Photoshop来对商品图片进行后期调整。

↘ 3.3.1 调整光线不足的照片

在拍摄过程中，对被摄物体亮度估计不足，导致感光材料上接收到的光亮度不足，可能会出现照片色彩暗淡等问题，为了突出商品主题，需要对照片进行后期调整。

1. 使用"曝光度"调整

案例名称	使用"曝光度"调整
素材文件	素材/03/燕麦.jpg
效果文件	效果/03/曝光度.psd
视频文件	扫右侧二维码

"曝光度"是用来控制图片色调强弱的工具，下面使用"曝光度"工具来调整曝光不足的照片，其具体操作步骤如下。

01 启动Photoshop，按【Ctrl+O】组合键打开素材文件"燕麦.jpg"，观察发现照片有些偏暗，如图3-41所示。

02 在"图层"面板中单击"创建新的填充或调整图层"按钮 ⚫，在打开的列表中选择"曝光度"选项，如图3-42所示。

图 3-41　　　　图 3-42

03 打开"属性"面板，对曝光的参数进行设置，如图3-43所示。

04 设置后的效果如图3-44所示。

📢 **Tips**

为了不对照片本身进行破坏，且为了便于后期修改，一般对照片的色彩调整等操作都是通过"创建新的填充或调整图层"按钮进行的。

图 3-43　　　　图 3-44

2. 使用"色阶"调整

案例名称	使用"色阶"调整
素材文件	素材/03/玩具.jpg
效果文件	效果/03/色阶.psd
视频文件	扫右侧二维码

使用"色阶"可以直观地观察到图像的直方图，依靠直方图来改变图像和区域的明亮程度。直方图规则是左黑右白，左边代表暗部，右边代表亮部，中间代表中间调，纵向上的高度代表像素密集程度，像素密集程度越高，代表分布在这个亮度上的像素越多。下面使用"色阶"来调整灰暗的图像照片，其具体操作步骤如下。

01 启动Photoshop，按【Ctrl+O】组合键打开素材文件"玩具.jpg"，如图3-45所示。

02 在"图层"面板中创建"色阶"调整图层，在打开的"属性"面板中可以观察图像的直方图，将中间调的滑块往暗部区域移动，增加图像的亮度区域，如图3-46所示。

03 调整后的效果如图3-47所示。

图 3-45   图 3-46   图 3-47

3. 使用"曲线"调整

案例名称	使用"曲线"调整
素材文件	素材/03/四件套.jpg
效果文件	效果/03/曲线.psd
视频文件	扫右侧二维码

"曲线"和"色阶"一样都是依靠直方图来调整图像的，其中"曲线"除了能调整图像亮度外，还可调整图像的颜色。下面通过"曲线"来调整图像亮度，其具体操作步骤如下。

01 启动Photoshop，打开素材文件"四件套.jpg"，如图3-48所示。

02 在"图层"面板中创建"曲线"调整图层，在打开的"属性"面板中将曲线向上提，可以调整图像的整体亮度，如图3-49所示。

Tips

在调整曲线时，在"属性"面板中选择不同的通道，可以调整图像中的对应颜色，可以矫正照片中偏蓝、偏绿和偏红的色调。

03 调整后的效果如图3-50所示。

图 3-48

图 3-49

图 3-50

Tips

调整图片光线不足的方法有多种，除了上面介绍的几种方法外，还可以通过"亮度/对比度""图层混合模式"等方法进行调整。

3.3.2 调整曝光过度的照片

案例名称	调整曝光过度的照片	
素材文件	素材/03/水杯.jpg	
效果文件	效果/03/亮度 对比度.psd	
视频文件	扫右侧二维码	

曝光过度，是指由于光圈开得过大、底片的感光度太高或曝光时间过长所造成的影像失常，可能会造成照片发白的情况。对于整体呈灰色且颜色明暗不同的图像，可以使用"亮度/对比度"来对其进行调整，其具体操作步骤如下。

01 启动Photoshop，打开素材文件"水杯.jpg"，可以看到图像整体有些偏白，如图3-51所示。

02 在"图层"面板中创建"亮度/对比度"调整图层，在打开的"属性"面板中调整图像的亮度和对比度，如图3-52所示。

03 调整后的效果如图3-53所示。

04 此时的背景颜色还有一些偏灰，可以再创建一个"色相/饱和度"调整图层，在"属性"面板中调整色相和饱和度，如图3-54所示。

图 3-51

图 3-52

图 3-53

图 3-54

↘ 3.3.3 调整有色差的照片

由于受光源色温的影响，在拍摄照片后，常常会发现照片里的商品颜色跟实物有一定的色彩差异，下面介绍如何调整有色差的图片，具体操作步骤如下。

1. 使用"自动颜色"调整

案例名称	使用"自动颜色"调整
素材文件	素材/03/包.jpg
效果文件	效果/03/自动颜色.psd
视频文件	扫右侧二维码

使用"自动颜色"命令可以自动调整、校正偏色的照片，其具体操作步骤如下。

01 打开素材文件"包.jpg"，可以看到图像整体有些偏黄，如图3-55所示。

02 按【Ctrl+J】组合键复制背景图层，选择"图像/自动颜色"命令，或按【Shift+Ctrl+B】组合键，此时照片会自动校正到正常颜色，如图3-56所示。

03 创建一个"自然饱和度"调整图层，在"属性"面板中设置饱和度，如图3-57所示。

Tips

在调整图像时，为了便于观察图像和后期修改，一般不会直接在背景图层上进行编辑，都是将背景图层复制一层后再进行后期处理。

图 3-55

图 3-56

图 3-57

2. 使用"可选颜色"调整

案例名称	使用"可选颜色"调整
素材文件	素材/03/行李箱.jpg
效果文件	效果/03/可选颜色.psd
视频文件	扫右侧二维码

若是拍摄后的照片颜色和实际中商品的颜色不符，可以通过Photoshop对偏色的照片进行修复，具体操作步骤如下。

01 打开素材文件"行李箱.jpg"，按【Ctrl+J】组合键复制背景图层，如图3-58所示。

02 选择"图像/调整/可选颜色"命令，打开"可选颜色"对话框，在"颜色"下拉列表框中选择"洋红"选项，设置相应的参数，如图3-59所示。

03 单击 确定 按钮完成设置，效果如图3-60所示。

图 3-58

图 3-59

图 3-60

↘ 3.3.4　调整拍摄模糊的照片

案例名称	调整拍摄模糊的照片
素材文件	素材/03/电饭煲.jpg
效果文件	效果/03/调整模糊照片.psd
视频文件	扫右侧二维码

图片在反复缩小或放大后，其画质会受到影响，若图片细节变得模糊，可以通过后期调整，将画质变清晰。调整拍摄模糊的照片的操作如下。

01 打开素材文件"电饭煲.jpg"，选择"图像/模式/Lab颜色"命令，将图像色彩模式更改为Lab颜色模式，如图3-61所示。

图 3-61　　　　　图 3-62

02 复制背景图层，选择"滤镜/锐化/USM锐化"命令，打开"USM锐化"对话框，设置"数量"及"半径"，如图3-62所示。

03 单击 确定 按钮后的效果如图3-63所示。

04 选择复制后的图层，将其混合模式更改为"柔光"，不透明度设为"50%"，完成后的效果如图3-64所示。

图 3-63　　　　　图 3-64

Tips

如果觉得图像还是不够清晰，可以再次复制图层并重复相同的锐化操作，直到图片清晰为止。

3.4 制作"焖烧杯"主图

案例名称	制作"焖烧杯"主图	
素材文件	素材/03/商品.jpg	
效果文件	效果/03/主图.psd	
视频文件	扫右侧二维码	

在淘宝店铺运营中，主图是宝贝最重要的展示窗口，与主图直接关联的数据便是点击率，而点击率会直接影响店铺流量，因此，好看的主图对店铺是非常重要的。下面通过制作"焖烧杯"的主图，来巩固前面学习的知识，最终效果如图3-65所示。

↘ 3.4.1 裁剪图片到合适大小

下面通过对图片进行裁剪，制作商品的主图，其具体

图 3-65

操作步骤如下。

01 启动Photoshop，打开素材文件"商品.jpg"，按【Ctrl+J】组合键复制背景图层，如图3-66所示。

02 选择"图像/图像大小"命令，打开"图像大小"对话框，设置查看方式为像素模式，如图3-67所示。

图 3-66　　　　　　　　　　　图 3-67

03 选择工具箱中的裁剪工具 ，在工具属性栏中设置图像尺寸，并移动图像使商品主体显示在裁剪范围内，如图3-68所示。

04 按【Enter】键确定裁剪即可，如图3-69所示。

图 3-68　　　　　　　　　　　图 3-69

↘ 3.4.2 调整商品亮度和色彩

完成裁剪后，可以通过Photoshop对图片的亮度和色彩鲜艳度稍作调整，具体操作步骤如下。

01 创建"曲线"调整图层，在打开的"属性"面板中将曲线向上拉，提高画面整体的亮度，如图3-70所示。

02 创建"可选颜色"调整图层，打开"属性"面板，在"颜色"下拉列表中选择"蓝

图 3-70

色"选项，设置参数后，再选择"青色"选项，并调整其参数，如图3-71所示。

图 3-71

图 3-72 图 3-73

03 按【Ctrl+Shift+Alt+E】组合键盖印图层，然后按【Ctrl+L】组合键，打开"色阶"对话框，向左拖动左侧亮度区域的滑块，如图3-72所示。

04 单击 确定 按钮即可完成所有操作，最终效果如图3-73所示。

↘ 3.4.3 添加形状和文字

淘宝主图可以添加一些简单的文字，如"包邮""正品承诺""秒杀"等，但注意文字所占面积最好不要超过画面总面积的16%。下面为商品添加形状和文字，其具体操作步骤如下。

01 选择工具箱中的多边形工具，在工具属性栏中设置边数为3，按住【Shift】键不放在图像中拖曳鼠标绘制一个等边三角形，如图3-74所示。

02 按【Ctrl+T】组合键变化形状，完成后将形状移动到左上角，如图3-75所示。

图 3-74 图 3-75

03 按【Enter】键确认变换，选择工具箱中的直接选择工具，单击选中三角形最下面的锚点，将其拖曳到左侧边框线上，使用相同的方法拖曳调整3个不同的锚点，效果如图3-76所示。

04 选择工具箱中的横排文字工具，输入文字，在工具属性栏中设置字体与颜色，然后按【Ctrl+T】组合键调整文字角度，如图3-77所示。

05 选择"文件/导出/存储为Web所用格式"命令，打开"存储为Web所用格式"对话框，在右侧格式中选择"JPEG"选项，并设置画面品质为"80"，如图3-78所示。

图 3-76   图 3-77

06 单击 存储... 按钮，选择存储位置后将其保存到计算机中即可，如图3-79所示。

图 3-78

图 3-79

> **Tips**
>
> 在为商品主图添加文字内容时，添加的文字不易太多，且最好在不影响画面美观的前提下多注意文字与图片的合理搭配。

行业技能展示

1. 批处理图片

为商品拍摄照片后，通常有大量的照片需要导入Photoshop进行处理，若照片的处理方法都相似，便可以使用Photoshop中的批处理功能来对所用照片同时进行调整。批处理是指批量处理相同修改要求的图片，这个功能可大大提高工作效率。批处理照片的操作步骤如下。

01 任意打开一张图片，选择"窗口/动作"命令，打开"动作"面板，单击"创建新组"按钮 ，在打开的对话框中新建动作"组1"，然后单击"创建新动作"按钮 ，如图3-80所示。

02 打开"新建动作"对话框，单击 记录 按钮，如图3-81所示。

图 3-80   图 3-81

03 在"动作"面板的下面出现一个红色的按钮 ●，表示已经开始记录动作，接下来即可对图像进行相关操作，系统会自动将对图片进行的操作都记录下来，如图3-82所示。

04 结束后单击"动作"面板下的"停止/播放记录"按钮 ■，完成操作动作的录制，如图3-83所示。

图 3-82   图 3-83

05 选择"文件/自动/批处理"命令，打开"批处理"对话框，在"播放"栏中选择刚刚建立的动作，单击"源"栏中的 选择(C)... 按钮，如图3-84所示。

06 打开"浏览文件夹"对话框，选择需要批处理的图片所在的文件夹，单击 确定 按钮，如图3-85所示。

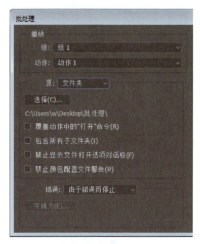

图 3-84　　　　　　　　　　　　　　　图 3-85

07 返回"批处理"对话框，单击 确定 按钮后，系统将自动打开需要批处理的图片，并按前面录制的操作动作依次处理图片。图3-86所示为批处理前后图片的对比效果。

图 3-86

2. 使用快捷方式安装收集的字体素材

收集字体素材跟收集图片素材的方法是一样的，收集好字体后，需要将其安装在计算机上，这样才能在软件中使用该字体。为了节省磁盘空间，可以使用快捷方式安装字体。

01 选择"开始/控制面板"命令，打开"控制面板"窗口，单击"字体"选项，如图3-87所示。

02 在打开的窗口左侧单击"字体设置"超级链接，如图3-88所示。

图 3-87　　　　　　　　　　　　　　　　图 3-88

03 打开"字体设置"窗口，单击选中"允许使用快捷方式安装字体（高级）（A）"复选框，单击 确定 按钮，如图3-89所示。

04 完成后关闭窗口，找到字体所在的存储位置，选择字体文件后单击鼠标右键，在弹出的快捷菜单中选择"作为快捷方式安装"命令即可，如图3-90所示。

图 3-89　　　　　　　　　　　　　　　　图 3-90

第4章
淘宝商品图片的后期处理

　　不管是拍摄获取商品图片，还是在网上下载图片素材，最后都要经过一定的后期处理，以便制作出一个完整的淘宝设计方案。在淘宝首页图片或者详情页图片中，其素材大多是经过Photoshop合成和美化过的。要想形成一个完整的设计方案，必须经过色彩调整、图片抠取、修饰美化、添加水印等多种后期处理，本章要讲解的就是对淘宝商品图片进行后期处理的系列方法。

4.1 抠取图片中的商品和人物

抠图是指将需要的对象从图像背景中分离出来的一种图像处理方法，这是后期处理图片的一个重要基础。对于不同的商品，需要采取不同的抠图方法。

↘ 4.1.1 抠取形状单一的商品图片

案例名称	抠取形状单一的商品图片
素材文件	素材/04/饼干盒.jpg
效果文件	效果/04/单一形状抠图.psd
视频文件	扫右侧二维码

对于一些形状比较规则的图片，可以使用选框工具组和套索工具组进行抠图。图4-1所示为抠取形状单一的饼干盒子的效果对比图。

图 4-1

下面使用多边形套索工具抠取形状规则的商品图片，其具体操作步骤如下。

01 启动Photoshop，打开素材文件"饼干盒.jpg"，如图4-2所示。

02 选择工具箱中的多边形套索工具 ，放大图像后，沿着盒子边缘依次单击鼠标确定锚点，如图4-3所示。

图 4-2   图 4-3

> **Tips**
>
> 沿商品图像边缘绘制锚点时，若锚点不准确，可以按【Delete】键删除就近的锚点，然后重新绘制。

03 回到最初的锚点，此时鼠标指针变为 形状，单击即可闭合路径并自动载入选区，如图4-4所示。

04 按【Ctrl+J】组合键将选区中的图像复制到新的图层，单击图层前面的眼睛图标隐藏背景图层，按【Ctrl+M】组合键打开"曲线"对话框，调整曲线来提亮整体图像，如图4-5所示。

图 4-4　　　　　　　　　　　　　　图 4-5

↘ 4.1.2　抠取背景简单的商品图片

案例名称	抠取背景简单的商品图片
素材文件	素材/04/手表.jpg
效果文件	效果/04/简单背景抠图.psd
视频文件	扫右侧二维码

　　对于一些背景颜色比较简单的图像，如纯色或相似色的背景，可以使用魔棒工具来快速抠图，效果对比如图4-6所示。

　　下面使用魔棒工具抠取手表图像，其具体操作步骤如下。

01　打开素材文件"手表.jpg"，按【Ctrl+J】组合键复制背景图层，如图4-7所示。

02　选择工具箱中的魔棒工具，在工具属性栏中设置容差为10，然后在图片的背景上单击，如图4-8所示。

图 4-6

图 4-7　　　　　　　　　图 4-8

Tips

　　背景与主题的颜色差异越大，可设置的容差就越大；背景与主题颜色越相似，可设置的容差就越小。

图 4-9　　　　　图 4-10

03 单击工具属性栏中的"添加到选区"按钮▣，或直接按住【Shift】键，继续在需要建立选区的区域单击，将所有白色的背景都载入选区，如图4-9所示。

04 按【Shift+Ctrl+L】组合键反选选区，获得手表图像的选区，如图4-10所示。

05 在选区中单击鼠标右键，在弹出的快捷菜单中选择"选择并遮住"命令，如图4-11所示。

06 在打开的界面右侧"视图"下拉列表中选择"叠加"选项，在"全局调整"栏中设置平滑度和羽化值，在"输出设置"栏中的"输出到"下拉列表中选择"新建带有图层蒙版的文档"选项，如图4-12所示。

07 单击 确定 按钮，即可获得手表的抠取图像，效果如图4-13所示。

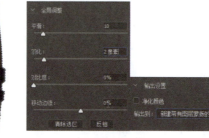

图 4-11　　　　　　　　　　图 4-12　　　　　　　　　　图 4-13

↘ 4.1.3　抠取图形复杂的商品图片

案例名称	抠取图形复杂的商品图片
素材文件	素材/04/沙发凳.jpg
效果文件	效果/04/复杂抠图.psd
视频文件	扫右侧二维码

对于商品主体形状比较复杂的图像，或主体与背景颜色不分明的图像，可以使用钢笔工具来抠取，最终效果对比如图4-14所示。

下面使用钢笔工具抠取沙发凳图像，其具体操作步骤如下。

01 打开素材文件"沙发凳.jpg"，按【Ctrl+J】组合键复制背景图层，如图4-15所示。

02 选择工具箱中的钢笔工具✐，放大图像，在凳子边缘依次单击并拖曳鼠标，创建路径，如图4-16所示。

图 4-14

图 4-15　　　　　　　　　　　　图 4-16

Tips

在绘制路径的过程中，按【Ctrl】键可以拖动锚点的控制柄控制路径的平滑度；按住【Ctrl】键的同时单击选中锚点可移动锚点；按【Alt】键单击锚点可将锚点一侧的控制柄收起；按【空格】键可切换为抓手工具来移动图像。

03 回到路径起点后单击封闭路径，如图4-17所示。

04 按【Ctrl】键在路径外任意位置单击，然后按【Ctrl+Enter】组合键将路径载入选区，并按【Ctrl+Shift+L】组合键反选选区，如图4-18所示。

05 按【Ctrl+J】组合键将选区图像复制到新的图层，并隐藏后面的背景图层，如图4-19所示。

06 此时的路径只选择了凳子的外围，还有一些镂空的区域没有选中，因此，还需要使用钢笔工具继续绘制路径，如图4-20所示。

07 按【Ctrl+Enter】组合键载入选

图 4-17　　　　　　　　　　　　图 4-18

图 4-19　　　　　　　　　　　　图 4-20

图 4-21　　　　　　　图 4-22

区，并按【Delete】键删除选区中的图像，然后按【Ctrl+D】组合键取消选区，如图4-21所示。

08 在"图层"面板中单击"创建新的填充或调整图层"按钮 ，创建"自然饱和度"调整图层，调整图像的饱和度，如图4-22所示。

Tips

抠取图像主体时，为了使图像的边缘更加柔和，在建立选区时，可以将选区羽化1个像素。

4.1.4 抠取毛发或细节图片

案例名称	抠取毛发或细节图片
素材文件	素材/04/猫咪.jpg
效果文件	效果/04/毛发抠图.psd
视频文件	扫右侧二维码

图 4-23

当需要抠取模特发丝、宠物或毛绒玩具等图像时，前面的工具显然都不适用，此时可以使用图层蒙版来抠取图像，最终效果对比如图4-23所示。

下面具体讲解如何快速抠取图像中的毛发，其具体操作步骤如下。

01 打开素材文件"猫咪.jpg"，按【Ctrl+J】组合键复制背景图层，如图4-24所示。

02 选择工具箱中的钢笔工具 ，放大图像，然后沿猫咪边缘创建简单路径，边缘的毛发先不作考虑，如图4-25所示。

图 4-24　　　　　　　图 4-25

03 将路径载入选区，羽化值取20像素，按【Ctrl+J】组合键复制选区图像到新的图层，得到图层2，再次选择复制的背景图层1，使用套索工具将猫咪的整体框选出来并新建两个图层，如图4-26所示。

04 隐藏背景图层和其他图层，只显示图层3，如图4-27所示。

图4-26　　　　　　　　　　　　图4-27

05 按【Ctrl+L】组合键打开"色阶"对话框，单击"在图像中取样并设置白场"按钮，如图4-28所示。

06 在图像中的灰色背景上单击，此时图像背景变为白色，单击 确定 按钮，如图4-29所示。

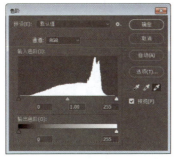

图4-28　　　　　　　　　　　　图4-29

07 将图层3的图层混合模式设置为正片叠底，显示选择图层3拷贝图层，单击"图层"面板中的"添加图层蒙版"按钮，为其创建图层蒙版，然后使用黑色的画笔在灰色背景上涂抹，如图4-30所示。

08 在图层1上方新建图层，设置前景色为任意颜色，按【Alt+Delete】组合键，以前景色填充图层，然后显示图层2，如图4-31所示。

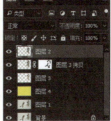

图4-30　　　　　　　　　　　　图4-31

09 此时的图像边缘还有一些灰色背景，选择图层3，选择工具箱中的橡皮擦工具 擦除多余的灰色背景，只显示毛发，如图4-32所示。

10 抠取的猫咪图像放大后的效果如图4-33所示。

图 4-32　　　　　图 4-33

行业规范

使用正片叠底的混合模式可以隐藏白色，因此，在对商品进行拍摄的过程中，可尽量使用白色的背景，这样在Photoshop中只需通过调整背景为白色，然后使用正片叠底的图层混合模式即可，减少后期抠图的工作量。

↘ 4.1.5 替换图层关系背景

案例名称	替换图层关系背景
素材文件	素材/04/背景.jpg、花瓶.jpg
效果文件	效果/04/替换背景.psd
视频文件	扫右侧二维码

图 4-34

在抠取一些透明的物体时，如水珠、玻璃等，可以巧用图层之间的混合关系来替换背景，最终效果对比如图4-34所示。

下面通过设置图层混合模式来替换花瓶的背景，其具体操作步骤如下。

01 打开素材文件"背景.jpg"，并将素材文件"花瓶.jpg"拖到图像文件中，按【Enter】键确认，如图4-35所示。

02 选择工具箱中的钢笔工具 ，先将花瓶瓶身抠取出来，如图4-36所示。

图 4-35　　　　　　　　　　　　　　图 4-36

03 选择花瓶所在图层，使用套索工具将叶子选中，按【Ctrl+J】组合键复制选区中的图像为新图层，如图4-37所示。

04 选择叶子所在图层，按【Ctrl+L】组合键打开"色阶"对话框，单击"在图像中取样并设置白场"按钮 ，在灰色背景上单击将背景变为白色，如图4-38所示。

图 4-37　　　　　　　　　　　　　　图 4-38

05 使用魔棒工具 在白色背景上单击载入选区，按【Delete】键删除选区，取消选区后如图4-39所示。

06 选择瓶身所在图层，双击图层打开"图层样式"对话框，在"颜色混合带"的本图层下，按住【Alt】键不放的同时单击并拖动右侧滑块的左半边滑块，如图4-40所示。

图 4-39　　　　　　　　　　　　　　图 4-40

07 单击 按钮，拖动图层调整瓶身和叶子的位置，如图4-41所示。

08 在瓶子图层的下方新建一个图层，绘制一个椭圆选区并羽化10像素，使用灰色填充椭圆选区，制作瓶子的阴影，取消选区后的效果如图4-42所示。

图 4-41   图 4-42

4.2 修饰美化商品图片

无论是拍摄的图片，还是从网络上下载的图片，难免会遇到图片上有污点的情况，特别是展示人物模特的图片，很多都需要后期美工来去除模特脸上的斑点。

4.2.1 使用内容识别填充

案例名称	使用内容识别填充
素材文件	素材/04/鞋子.jpg
效果文件	效果/04/内容识别填充.jpg
视频文件	扫右侧二维码

内容识别是指建立选区后，程序会自动识别选区周围的图像并对选区进行识别填充，通常用于去除水印、污点等不需要的图像。使用内容识别修饰商品图片的最终效果对比如图4-43所示。

图 4-43

下面使用内容识别来去除图像中不需要的文字，其具体操作步骤如下。

01 打开素材文件"鞋子.jpg"，如图4-44所示。

02 选择工具箱中的矩形选框工具，框选文字所在的部分区域，如图4-45所示。

图 4-44   图 4-45

03 按【Delete】键打开"填充"对话框，在"内容"下拉列表中选择"内容识别"选项，如图4-46所示。

04 单击 确定 按钮，此时的图像选区可能并不如意，需要再次调整，如图4-47所示。

图 4-46   图 4-47

05 按【Ctrl+D】组合键取消选区，再继续按【Delete】键打开"填充"对话框，重复前面的操作，直到图像完成修复，如图4-48所示。

Tips

若当前图层不是背景图层时，按【Delete】键不能打开"填充"对话框，可通过按【Shift+F5】组合键打开。

图 4-48

4.2.2 使用污点修复画笔工具去除污点

案例名称	使用污点修复画笔工具去除污点
素材文件	素材/04/包包.jpg
效果文件	效果/04/修复污点.jpg
视频文件	扫右侧二维码

污点修复画笔工具是Photoshop中处理图片常用的工具之一，利用该工具可以快速移去图片中的污点和其他不理想部分，效果对比如图4-49所示。

图 4-49

下面使用污点修复画笔工具去除图片中的污点，其具体操作步骤如下。

01 打开素材文件"包包.jpg"，可观察到图片中有一些污点，需要将其去除，如图4-50所示。

02 选择工具箱中的污点修复画笔工具 ✐ ，按【[】键和【]】键调整画笔大小，在需要修复污点的位置单击，如图4-51所示。

03 释放鼠标即可去除污点，使用相同操作去除其余位置上的污点即可，如图4-52所示。

图 4-50　　　　　　　　　　图 4-51　　　　　　　　　　图 4-52

↘ 4.2.3 使用仿制图章工具修复图片

案例名称	使用仿制图章工具修复图片
素材文件	素材/04/玩具熊.jpg
效果文件	效果/04/修复图像.jpg
视频文件	扫右侧二维码

　　仿制图章工具能够按涂抹的范围复制全部或者部分到一个新的图像中，是图像修复最常用的工具之一。修复图片的效果对比如图4-53所示。

图 4-53

下面使用仿制图章工具去除图片中不需要的区域，其具体操作步骤如下。

01 打开素材文件"玩具熊.jpg"，下面需要将图像中的文字抹掉，如图4-54所示。

02 选择工具箱中的仿制图章工具 ⊥ ，按【[】键和【]】键调整画笔大小，在文字周围的图像上按【Alt】键单击取样，如图4-55所示。

图 4-54　　　　　　　　　　　　　　　　图 4-55

 Tips
　　使用仿制图章工具修复图像时，为了使修复的图片衔接自然，要不断更新取样点。

03 取样后在文字上单击涂抹，可将取样点处的图像复制到该处，如图4-56所示。

04 依次在文字周围取样，然后修复文字区域即可，如图4-57所示。

图 4-56　　　　　　　　　　　　　　　　图 4-57

↘ 4.2.4　使用修补工具修复图片

案例名称	使用修补工具修复图片
素材文件	素材/04/保温瓶.jpg
效果文件	效果/04/修补工具修复图片.jpg
视频文件	扫右侧二维码

　　修补工具是使用图片中某些特定的区域来替换需要修补的区域，它会将源区域和目标区域的纹理、明暗等相匹配。使用修补工具修复图片的前后效果对比如图4-58所示。

　　下面使用修补工具去除图中的文字区域，其具体操作步骤如下。

01 打开素材文件"保温瓶.jpg"，需要将瓶身的文字抹掉，如图4-59所示。

02 选择工具箱中的修补工具 ，沿瓶身上的文字周围绘制一个选区，如图4-60所示。

图 4-58　　　　　　　　　　图 4-59　　　　　　　　　　图 4-60

03 按住鼠标左键不放，把选区拖动到瓶身上没有文字的区域，注意移动选区时修补的区域要与瓶身颜色保持一致，如图4-61所示。

04 此时按【Ctrl+D】组合键取消选区，即可修补图片，如图4-62所示。

图 4-61　　　　　　　　　　　　　　　图 4-62

4.3　对图片人物进行瘦身和磨皮

　　对于图片中的一些小污点、杂点，可以使用前面介绍的方法对其进行修复，而涉及模特和特写等图片时，那些方法可能就达不到想要的效果。众所周知，淘宝店铺在展示宝贝时，很多都会使用模特展示，为了提升照片的美观度，可能需要对模特进行瘦身和磨皮。

↘ 4.3.1　人物皮肤高低频磨皮

案例名称	人物皮肤高低频磨皮
素材文件	素材/04/脸部.jpg
效果文件	效果/04/高低频磨皮.psd
视频文件	扫右侧二维码

　　对人物皮肤进行磨皮的方法有多种，可以下载Photoshop的外挂磨皮滤镜，也可直接使用Photoshop的滤镜、通道和蒙版等。

　　高低频磨皮的原理是把皮肤颜色层和纹理层分开。皮肤层为低频层，不用保持细节，只需稍微模糊，并保持原有肤色；纹理层为高频层，这一层保留了肤色的质感、纹理，且以灰度效果存在，后期只需要在这个图层操作就可以消除斑点和瑕疵。高低频磨皮的效果对比如图4-63所示。

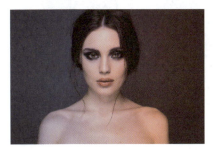

图 4-63

　　下面具体讲解高低频磨皮的方法，其具体操作步骤如下。

01 打开素材文件"脸部.jpg"，如图4-64所示。

02 放大图像，使用修补工具或污点修复画笔工具将模特皮肤上一些明显的瑕疵、痘印去除，如图4-65所示。

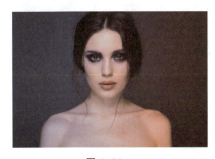

图 4-64　　　　　　　　　　图 4-65

03 按【Ctrl+M】组合键打开"曲线"对话框，将图片整体提亮，如图4-66所示。

04 按【Ctrl+J】组合键将背景图层复制两个，第一个复制的图层名称改为"低频"；第二个复制的图层名称改为"高频"，隐藏高频图层，如图4-67所示。

05 选择低频图层，选择"滤镜/模糊/高斯模糊"命令，打开"高斯模糊"对话框，设置模糊参数"半径"，数值控制在模糊到没有瑕疵即可，如图4-68所示。

图 4-66　　　　　　　　　图 4-67

06 单击 确定 按钮，此时即可得到如图4-69所示的效果。

图 4-68   图 4-69

07 显示并选择高频图层，然后选择"图像/应用图像"命令，打开"应用图像"对话框，在对话框中进行如图4-70所示的设置。

08 将高频图层的混合模式设置为"线性光"，选择低频图层，使用修补工具在皮肤上进行皮肤颜色的统一，将色斑消除掉，如图4-71所示。

图 4-70   图 4-71

09 观察"通道"面板中的各个通道，发现脸上的暗斑在蓝色通道里面亮度反差更大、边缘更明显，因此，选择高频图层，在"通道"面板中复制蓝色通道，如图4-72所示。

10 选择"滤镜/其他/高反差保留"命令，打开"高反差保留"对话框，将"半径"的数值调节到能够清楚看到暗斑，完成后单击 确定 按钮，如图4-73所示。

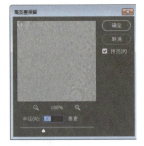

图 4-72   图 4-73

11 选择"图像/计算"命令，打开"计算"对话框，将混合模式设置为强光，如图4-74所示。

12 确认后再执行两次"计算"命令，设置相同的参数，加强暗斑与正常皮肤的对比度，如图4-75所示。

| 图 4-74 | 图 4-75 |

13 按住【Ctrl】键的同时单击"通道"面板中的Alpha 3通道，将通道载入选区，如图4-76所示。

14 此时回到RGB通道，在"图层"面板中创建一个"曲线"调整图层，调整曲线提亮选区图像中的亮度，并使用黑色画笔在不需要提亮的位置上涂抹，如眼睛和嘴唇，如图4-77所示。

| 图 4-76 | 图 4-77 |

15 选择高频、低频和曲线调整图层，按【Ctrl+G】组合键创建一个组"组1"，将背景图层复制两层，并放在所有图层上方，隐藏"背景 拷贝2"图层，选择"背景 拷贝"图层，选择"滤镜/模糊/表面模糊"命令，打开"表面模糊"对话框，设置半径和阈值，如图4-78所示。

16 单击 确定 按钮，显示并选择"背景 拷贝2"图层，选择"滤镜/其他/高反差保留"命令，在打开的对话框中设置半径为0.9，然后设置该图层混合模式为线性光，如图4-79所示。

| 图 4-78 | 图 4-79 |

图 4-80

图 4-81

17 选择"背景 拷贝"和"背景 拷贝2"两个图层，按【Ctrl+G】组合键创建一个组"组2"，按住【Alt】键的同时单击"添加图层蒙版"按钮，为该组添加一个黑色蒙版，如图4-80所示。

18 使用白色的画笔工具在图像上涂抹，使皮肤质感达到一个合适的度，注意在工具属性栏中调低画笔的不透明度和流量，如图4-81所示。

图 4-82

19 在所有图层上方创建一个"自然饱和度"调整图层，调整图像饱和度，然后使用黑色的画笔在不需要饱和度颜色的位置涂抹，得到如图4-82所示效果。

Tips

对于本身照片质量较好的图片，在对人物进行磨皮时，直接执行在高频图层上修复的步骤即可；使用步骤中通过运算提亮脸部斑点选区的操作，也可达到磨皮效果。

↘ 4.3.2 使用"液化"滤镜瘦身

案例名称	使用"液化"滤镜瘦身	
素材文件	素材/04/服装模特.jpg	
效果文件	效果/04/瘦身.psd	
视频文件	扫右侧二维码	

实际拍摄中，拍摄的照片可能会暴露模特的一些不足之处，如麒麟臂、小粗腿等，这时就需要使用Photoshop的"液化"滤镜来对模特身材比例进行调整。液化滤镜瘦身的效果对比如图4-83所示。

下面具体讲解使用滤镜为模特瘦身的方法，其具体操作步骤如下。

图 4-83

01 打开素材文件"服装模特.jpg",观察图像可发现画面的整体效果不错,只有模特手臂等部分需要修饰一下。按【Ctrl+J】组合键复制背景图层,如图4-84所示。

02 放大图像,选择"滤镜/液化"命令,或按【Shift+Ctrl+X】组合键,打开"液化"窗口,如图4-85所示。

图 4-84   图 4-85

03 放大图像,将鼠标指针放在模特脸部,系统会自动识别人脸,如图4-86所示。

04 将下颌向上拉,收敛下颌缩小脸型,如图4-87所示。

05 选择窗口中左侧工具箱中的冻结蒙版工具 ,在手臂旁边不需要变形的位置涂抹,防止在变形手臂时其他位置也同时变化,如图4-88所示。

06 选择窗口中左侧工具箱中的向前变形工具 ,在"画笔选项"栏下设置画笔参数,然后将手臂向右推动收缩,如图4-89所示。

图 4-86   图 4-87

图 4-88　　　　　　　　　　　　　　图 4-89

07 使用相同的方法先冻结要变形的图像的周围像素，然后使用相同方法将左手臂向里收缩，如图4-90所示。

图 4-90

08 选择窗口左侧工具箱中的解冻蒙版工具 ，在图像中的红色蒙版上涂抹解冻蒙版，如图4-91所示。

09 最后在对话框中单击 按钮，即可完成所有操作。

图 4-91

Tips

　　若是图像变形不理想，可以选择窗口中左侧工具箱中的重建工具 ，在之前的变形操作上涂抹，即可回到图像原始效果。

4.4 制作水印防止盗图

水印是指向多媒体数据（如图像、声音和视频信号等）中添加某些数字信息以达到文件真伪鉴别、版权保护等功能的一种措施。

4.4.1 制作水印

案例名称	制作水印
效果文件	效果/04/水印.psd
视频文件	扫右侧二维码

为了不影响原始文件的观赏性和完整性，在图片上使用的水印大多数都是半透明的，这些水印可以是标识，也可以是文字和图形等。

下面具体讲解制作水印的方法，其具体操作步骤如下。

01 新建一个尺寸为200像素×200像素、分辨率为72像素/英寸的空白文件。

02 使用横排文字工具输入水印文字，然后按【Ctrl+T】组合键旋转文字到合适的角度，如图4-92所示。

03 双击文字图层，打开"图层样式"对话框，选中"描边"复选框，将"颜色"设置为灰色，如图4-93所示。

图 4-92　　　　　　　　　　　　　　　　图 4-93

04 单击 确定 按钮，在"图层"面板中设置不透明度为"40%"，填充为"0%"，如图4-94所示。

图 4-94

05 删除背景图层，选择"编辑/定义图案"命令，打开"图案名称"对话框，将名称更改为"水印"，如图4-95所示。

06 单击 确定 按钮完成水印的制作。

Tips

选择"编辑/定义画笔预设"命令，可以将制作的水印定义为画笔。添加水印时直接使用画笔工具在图像中单击即可，同时，水印的颜色也可直接进行设置。

图 4-95

↘ 4.4.2 添加水印

案例名称	添加水印
素材文件	素材/04/商品图.jpg
效果文件	效果/04/添加水印.jpg
视频文件	扫右侧二维码

为了证明商品的真实性，保护自身版权，防止被盗图，可以将前面制作的水印添加到拍摄的照片中。添加水印的前后效果对比如图4-96所示。

图 4-96

下面为拍摄的商品图添加水印，其具体操作步骤如下。

01 打开素材文件"商品图.jpg"，将其裁剪为800像素×800像素、分辨率为72像素/英寸的图像，如图4-97所示。

02 按【Shift+F5】组合键，打开"填充"对话框，在"内容"下拉列表中选择"图案"选项，在"自定图案"下拉列表中选择前面定义的图案"水印"，如图4-98所示。

03 单击 确定 按钮，此时水印文字将以平铺形式显示在图像上，如图4-99所示。

04 选择"文件/导出/存储为

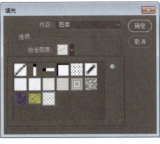

图 4-97　　　　　　图 4-98

Web格式"命令,在打开的对
话框中选择格式为"JPEG",
品质设置为"80",如图4-100
所示。

05 单击 按钮,将其保存
到合适位置。

| 图 4-99 | 图 4-100 |

Tips

　　为了图片美观,一般的水印可以制作成简单的半透明文字效果,且数量不宜太多,在
图片的某个位置放置一个即可。

4.5 制作服装模特展示图

　　网店模特不同于T台模特和杂志模特,不需要太
多的动态展示,但是需要有镜头感。在网上店铺中,
服装店铺是使用模特最多的行业,且现在品牌原创盛
行,消费者的审美要求也越来越高。因此,服装店铺
在选择模特时,最好选择符合店铺风格的模特类型。
只有模特良好的表现力加上好的摄影师,才能让后期
的修图更加便捷。制作服装模特展示的最终效果如图
4-101所示。

图 4-101

案例名称	制作服装模特展示图
素材文件	素材/04/模特.jpg
效果文件	效果/04/服装展示.psd
视频文件	扫右侧二维码

4.5.1 给模特瘦脸

　　为了更完美地呈现效果,下面为模特进行瘦脸,其具体操作步骤如下。

01 打开素材文件"模特.jpg"，如图4-102所示。

02 将旁边的模特裁剪掉，只保留右侧主体模特，按【Ctrl+J】组合键复制背景图层，如图4-103所示。

图 4-102   图 4-103

图 4-104   图 4-105

03 按【Shift+Ctrl+X】组合键打开"液化"窗口，放大图像并将模特的脸型缩小，如图4-104所示。

04 将鼠标指针移动到模特眼睛上，在显示出来的菱形上向外拖动，放大眼睛，如图4-105所示。

05 将鼠标指针移动到模特另外一只眼睛上，使用相同的方法将其放大，如图4-106所示。

06 将模特头部周围冻结，然后使用向前变形工具 ，在"画笔选项"栏下设置画笔参数，调整模特头型，如图4-107所示。

07 使用相同的方法调整模特的手臂，为其瘦身，效果如图4-108所示。

08 解冻蒙版，选择脸部工具 ，识别脸部后将鼻子再收缩一点，如图4-109所示。

09 单击 确定 按钮即可完成瘦脸操作。

图 4-106   图 4-107

图 4-108　　　　　　　　　　图 4-109

↘ 4.5.2　调整模特图整体颜色

下面通过调整图片色调来凸显服装风格，其具体操作步骤如下。

01 创建"可选颜色"调整图层，在打开的"属性"面板中选择"红色"选项并调整参数，如图4-110所示。

02 使用黑色的画笔在调整图层的蒙版上进行涂抹，去除其他区域的红色，只保留嘴唇上的红色，如图4-111所示。

图 4-110　　　　　　　　　　　　　图 4-111

03 按【Shift+Ctrl+Alt+E】组合键盖印图层，创建"色相/饱和度"调整图层，在打开的"属性"面板中选择"绿色"和"青色"选项，分别设置如图4-112所示的参数。

04 调整色彩后即完成所有操作，最终效果如图4-113所示。

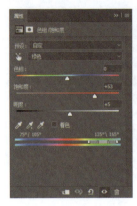

图 4-112

图 4-113

1. 外挂滤镜一步磨皮

当照片较多，且对照片的要求不太高时，可以从网上下载外挂滤镜来对人物进行磨皮处理，以节省工作时间。

其中，最常用的磨皮滤镜为Portraiture滤镜，该滤镜功能非常强大，系统可以自动识别需要磨皮的皮肤区域，也可以根据需要自主选择磨皮。通过阈值大小来控制噪点，同时该滤镜还有增强功能，可以对皮肤进行锐化及润色处理。如图4-114所示。

图 4-114

2．Camera RAW 滤镜调色更方便

Camera Raw滤镜是Adobe Photoshop官方内置的数码相片调色滤镜，支持更多可拍
摄RAW文件的新款相机产品，另外还可以纠正一些流行的相机、镜头的镜头畸变。

打开照片后，选择"滤镜/Camera Raw滤镜"命令，或按【Shift+Ctrl+A】组合键打
开"Camera Raw"窗口，在右侧的区域中可单击不同的选项卡，分
别在对应的区域调整相关参数，如图4-115所示。

图 4-115

第5章

淘宝视频的后期剪辑
与合成

　　淘宝公测数据显示，使用了短视频的商家能快速提高购买转化率，且能增加顾客在店铺的停留时长，由此可见，网店中的视频展示已逐渐成为趋势。本章将具体讲解如何制作符合要求的淘宝视频，通过本章的学习，能快速通过视频编辑软件"会声会影"来制作商品的相关短视频。

5.1　淘宝视频的几大类型

目前淘宝的店铺首页、主图、详情页中均可上传视频，但是对于不同位置的视频其相关要求也有所不同。下面根据不同位置的视频做简单介绍。

5.1.1　主图视频

买家进入详情页后，首先看到的是商品主图，主图的呈现效果将对商品的转化产生重要的影响，而视频的影音动态呈现，将有效地在最短时间内提升买家对商品的认知度，促进买家做出决定。图5-1所示为某女包店铺的主图视频。

主图视频是淘宝新推出的一个全面展示宝贝全貌及细节的功能，在"卖家中心-商品发布"后台发布宝贝时，在上传5张主图的下方有一个上传宝贝视频的标识，如图5-2所示。除此之外，在"卖家中心-全部宝贝"中找到相关的宝贝，单击右侧的"编辑宝贝"超级链接，也可为其添加主图视频，如图5-3所示。

图5-1

图5-2

图5-3

> **Tips**
>
> 在主图视频右侧的要求下方单击"查看完整教程"超级链接，可以在打开的网页中查看主图视频的详细要求和教程。

下面对制作宝贝主图视频的相关要求进行介绍。

• 商品越小众，更换主图视频对搜索的帮助越大，宝贝上新时附带主图视频能在很大程度上提高搜索权重。

• 主图视频的画面尺寸大小和主图的尺寸一样，图像尺寸为500~800像素都可以，但要注意一定要是正方形。

• 主图视频的长度在9~30秒为佳，视频一般可以直接拍摄，也可以由几张静态图片拼接为动态切换视频。淘宝中的视频相关要求会随时更新，图5-4所示为最近更新的淘宝主图视频相关信息。

	原来（8月10日前）		8月10日后
	无线端60秒主图视频	PC端9秒主图视频	主图视频（PC和无线打通）
时长	60秒以内	9秒以内	统一60秒以内（原PC9秒提升至60秒以内）
发布端	神笔后台	商品发布／编辑后台：商家／卖家中心-宝贝管理-主图视频	可以在多个端发布： 1. 神笔后台 2. 商品发布后台：商家／卖家中心-宝贝管理
展现端	手机淘宝app的详情主图第一屏位置	PC详情主图位置	手机和PC端同时展现 说明： 　原来已发布的9秒主图视频，如在8月10日后重新上传60秒视频，会更换为新的60秒主图视频，替换掉原来9秒主图视频。

图5-4

• 拍摄的视频画面清晰度要≥720P，或分辨率≥720P，码率在2~3M之间。

• 拍摄的内容应突出商品一到两个核心卖点，不建议使用电子相册拼接。

• 拍摄的视频画面中不能出现站外二维码、站外标识、站外App下载、站外交易引导等。

↘5.1.2 详情页视频

图5-5

详情页视频不是免费的，需要先订购相关的服务才能上传详情页视频，视频内容一般以介绍产品、展示产品以及安装或操作演示为主，如图5-5所示。

在"卖家中心-商品发布"后台单击"宝贝视频"后面的"订购视频服务"超级链接，在打开的"服务市场"页面中可以选择需要订购的商家视频服务，然后打开相应的宝贝页面选择服务版本，并在下方的"使用教程"中查看视频的使用方法，如图5-6所示。

图5-6

5.1.3 店铺首页视频

店铺首页的视频可以是广告视频，旨在宣传店铺，如图5-7所示。首页视频可以在装修店铺首页时添加自定义内容模块，单击"插入视频"按钮即可。

店铺首页的视频时间尽量控制在45秒以内，视频越长，买家可能越不会花费时间去观看。拍摄视频时可以设置一些场景和情节，内容最好是与产品和品牌相关的，或者是创立这个品牌或设计产品的一些想法。

图5-7

5.2 拍摄视频

拍摄视频可以使用数码相机，也可以使用手机拍摄，但是对于有一定要求的宝贝的拍摄，还是需要使用专业的拍摄工具。

↘ 5.2.1 视频拍摄准备

淘宝视频的最终目的是为了提高购买转化率，这就需要在拍摄视频前了解商品的卖点，再根据实际情况使用合适的场景和道具来烘托宝贝。

1. 了解宝贝卖点

拿到商品后，并不能直接就开始拍摄，需要对商品有一定的认识和了解，包括商品的卖点、功能、使用方法等。只有了解了商品，才能为其选择合适的模特、道具，以及根据商品的材质来进行场景和光照布置等，图5-8所示的视频便对商品的一些功能进行了介绍。

2. 做好道具、模特和场景的准备工作

为了凸显商品，可以根据实际需要选择一些道具来辅助拍摄，如环境昏暗时需要补光灯等。拍摄时会使用模特的商品大多是服装、生活用品等，如鞋子、衣服、吸尘器等，拍摄的场景可以是室内棚拍场景或室外场景，但无论是哪种场景，都要注意光线、角度、所呈现的风格等问题，同时要避免让其他不相关的物体影响到商品的拍摄。图5-9所示为两种不同的视频风格。

图5-8   图5-9

↘ 5.2.2 开始拍摄

准备就绪后，就可以进行视频拍摄了。

设备：在拍摄时，要选择合适的拍摄设备和辅助设备。一般来说，如果只是想要简

单地呈现自己的商品，使用手机拍摄即可；如果对商品短视频有较高的追求，可以使用微单相机或单反相机进行拍摄。其他的辅助设备包括三脚架、灯光器材、静物台、反光板、柔光箱、硫酸纸等，可以根据具体情况来选择使用。

图5-10

陈设： 如果没有好的摆台思路，或缺少符合情境的装饰物，可以直接把商品放置在静物台上，根据需要的角度摆放拍摄即可。图5-10所示即为两个摆放拍摄的商品视频。

构图： 最实用也是最常见的构图方式为"三分构图"，即以纵横两根线井字排列，把画面划分为九份。商品拍摄要突出主体，所以要将主体放在中心区域，或者根据拍摄情况将主体放在4个交汇点上，如图5-11所示。

图5-11

布光： 基础布光法则是"三点布光"，也就是说，在拍摄时至少应该配备3盏灯。主光打亮商品主体和周围区域；辅光用于填充阴影区域和主光没有打亮的地方，一般比主光稍弱，这样可以形成景深和层次感；背光打向背景方向，借助背景反射的光线塑造商品轮廓。如图5-12所示。如果使用手机拍摄，可以只配备一盏灯和反光板，侧逆光加硫酸纸，对角位置放置反光板，这样的布光在整体上会有较好的明暗效果，如图5-13所示。

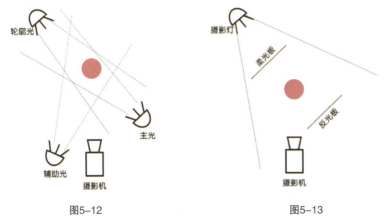

图5-12　　　　　　　　　　图5-13

Tips

　　在拍摄的过程中，最好多换几个不同的角度进行拍摄，如微俯、平视等，这样在后期剪辑时，视频的画面会更加丰富。

↘ 5.2.3 完成后期流程

　　拍摄好视频后，即可对视频进行后期剪辑。无论是手机拍摄的视频还是数码相机拍摄的视频，都需要使用计算机的视频剪辑软件来进行后期合成。

　　后期合成：拍摄好视频后，需要将其中多余的画面删除，然后对商品进行多种角度的组合，以及为视频添加字幕、音频、转场和特效等。

　　投放位置：除了自家店铺的视频投放外，还可以使用达人号的渠道投放，没有达人号的可以进行注册，申请短视频频道权限，完成后即可上传视频，此时淘宝官方会根据你的视频内容将其分发到自行合适的渠道中。

行业规范

　　使用达人号的渠道投放视频时，要注意不同的渠道对视频的要求也会不一样，下面介绍几个常见的渠道视频要求。

　　【有好货】

　　视频类型：单品展现。视频时长：9～30秒。展示商品：仅1个。视频内容：以展现商品特性和功用为主。内容要简约，在单位时间内将商品卖点信息传达清楚。店铺要求：小众品牌、设计品味、创意创新、特殊样式、海外商品、客单价高。重点类目：数码、电器、美妆、家居。

　　【每日好店】

　　视频类型：剧情或轻剧情。视频时长：3分钟以下。展示商品：1～6个。视频内容：店铺故事、品牌故事、店主故事。店铺要求：原创设计、小众好牌、手艺匠人、魅力店主、范畴专业、资深买手。

　　【淘宝头条】

　　视频类型：不限，可以包括资讯。视频时长：3分钟以下。展示商品：1～6个。

　　【猜你喜欢】

　　视频类型：不限，包含商品头图类的单品展现。视频时长：3分钟以下。展示商品：1～6个。店铺数量：1家及以上。视频分发：两个标签都有的视频，包括竖版视频。

　　【必买清单】

　　视频类型：教学、评测（有场景主题的、适用技艺）。视频时长：3分钟以下。展示商品：3～6个。店铺数量：1家及以上。视频内容：化妆、做菜短视频分步教程及商品推荐。

　　【爱逛街】

　　视频类型：教学、评测（以人为主）。视频时长：3分钟以下。展示商品：1～6个。店铺数量：1家及以上。重点类目：时兴、美妆、美食。

5.3 制作视频

优秀的视频可以抓住顾客的眼球，从而促成更多的交易。目前视频投放位置最多的还是主图视频，且是免费的。若要在视频中插入静态图片，需要在剪辑前用Photoshop图像处理软件将图片与视频裁剪为尺寸相同。

案例名称	制作视频
素材文件	素材/05/1.jpg、2.mp4、音频.mp3
效果文件	效果/05/主图.avi
视频文件	扫下文中二维码

↘ 5.3.1 设置项目

在对视频素材进行编辑前，需要先设置好视频的项目格式等。下面便使用会声会影来设置视频的项目参数，其具体操作步骤如下。

01 启动会声会影，选择"设置/项目属性"命令，或按【Alt+Enter】组合键，如图5-14所示。

02 在打开的"项目属性"对话框中的"项目格式"下拉列表中选择合适的视频格式，然后单击 编辑(E)... 按钮，如图5-15所示。

图5-14

图5-15

设置项目

03 在打开的"编辑配置文件选项"对话框中单击"AVI"选项卡，在"压缩"下拉列表中选择"无"选项，如图5-16所示。

04 单击对话框中的"常规"选项卡，选中"自定义"选项，设置视频的宽度和高度均为"720"，如图5-17所示。

05 设置完成后依次单击 确定 按钮。此时将出现

图5-16

图5-17

"修改项目设置可能会清空视频和音频"的提醒，如图5-18所示，单击 确定 按钮即可。

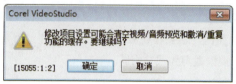

图5-18

5.3.2 导入视频素材

设置项目后，即可将需要的视频素材导入到时间轴中。下面将需要的视频素材直接拖动到时间轴上，其具体操作步骤如下。

01 在会声会影素材库中单击"添加"按钮，如图5-19所示。

02 新建文件后将其命名为"主图"，在右侧的素材库中单击鼠标右键，在弹出的快捷菜单中选择"插入媒体文件"命令，如图5-20所示。

图5-19   图5-20

03 在打开的对话框中选择视频素材"2.mp4"，单击 打开(0) 按钮，如图5-21所示。

04 拖动鼠标选择插入的视频文件，将其拖动到时间轴上后释放鼠标，此时完成视频导入，在时间轴的最右侧项目区间将显示项目的总时间长度，如图5-22所示。

图5-21

图5-22

Tips

直接将计算机文件夹中的视频素材文件拖动到时间轴上也可导入视频。

↘ 5.3.3 分割剪辑视频

添加视频素材后，需要对视频进行剪辑，并删除不需要的部分。下面对视频进行剪辑，其具体操作步骤如下。

01　在时间轴上选择图片素材，直接将其向左拖动，更改图片的播放时间，如图5-23所示。

02　在时间轴上选择第二段视频素材，在预览窗口中单击"播放"按钮▶，预览视频，到需要剪辑的位置后暂停，单击"根据滑轨位置分割素材"按钮 ✂ ，如图5-24所示。

图5-23　　　　　　　　　　　　　　图5-24

03　此时，即可将时间轴上的第二段视频分割成两段，如图5-25所示。

图5-25

04　单击选中分割出来的视频，按【Delete】键将其删除，此时第二段视频的时间缩短了许多，如图5-26所示。

图5-26

05　单击选中时间轴中的第一张图片素材，双击打开"选项"面板。单击"色彩平衡"选项，并选中"白平衡"复选框，如图5-27所示。

分割剪辑视频

图5-27

06 使用相同的方法对第二段视频素材设置相同的色彩校正。

07 选择第一张素材图片，在"选项"面板中的"重新采样选项"栏中选中第一个选项，然后在旁边的下拉列表中选择"保持宽高比"选项，如图5-28所示。

图5-28

08 同样对第二段视频素材设置"保持宽高比"。

> **Tips**
>
> 当添加的素材与设置的项目尺寸不同时，会导致输出的视频四周存在黑色的边框。这时便可将其设置为"调整到项目大小"来将素材的尺寸更改为项目尺寸，使素材布满播放画面。

> **Tips**
>
> 若要更加细致地对视频进行剪辑，可在"选项"面板中单击"多重修整视频"选项，在打开的对话框中对视频的每一帧进行提取、排序等操作，一次性提取视频素材的片段，剔除不需要的片段，如图5-29所示。

图5-29

↘ 5.3.4 添加转场与特效

场是指场景，在会声会影中每个素材为不同的场，转场即为场与场之间的过渡方式，会声会影中提供了多种转场和滤镜效果。下面对视频添加转场和特效，其具体操作步骤如下。

01 单击素材库中的"转场"按钮  ，切换到"转场"素材库，如图5-30所示。

图5-30

02 选择一种转场效果，拖动到时间轴上图片素材和视频素材之间，如图5-31所示。

图5-31

03 默认添加的转场时间为1秒，添加转场后在时间轴上选中转场并拖动，可更改转场的时间，如图5-32所示。

图5-32

Tips

　　两个素材之间只能添加一个转场效果。在拖动转场区间进行时间设置时，前面的素材会随着变化，这时，可以单独选择素材和转场分别调整时间。

04 单击"滤镜"按钮打开"滤镜"素材库，选择"镜头闪光"滤镜，直接将其拖至素材上，如图5-33所示。

05 双击图片素材打开"选项"面板，单击 右侧的下拉按钮，在打开的面板中选择滤镜效果，完成滤镜的添加，如图5-34所示。

图5-33　　　　　　　　　　　　　　　　　图5-34

 Tips

单击"选项"面板中的"删除滤镜"按钮 ，可删除为图片或视频添加的滤镜效果。

↘ 5.3.5　添加字幕

在制作视频时，为视频添加字幕可以起到解释说明的作用。下面对视频添加说明性文字，其具体操作步骤如下。

01 单击素材库中的"标题"按钮，切换到"标题"素材库。

02 选择所需要的标题样式，单击鼠标右键，在弹出的快捷菜单中选择"插入到/覆盖轨#1"命令，如图5-35所示。

03 将文字移动到视频素材中需要出现的位置，如图5-36所示。

图5-35　　　　　　　　　　　　　　　　　图5-36

图5-37

04 双击时间轴上的标题，在打开的"选项"面板中编辑文字格式，如图5-37所示。

05 单击面板中的"边框/阴影/透明度"按钮，在打开的对话框中设置文字的边框和阴影效果，如图5-38所示。

06 在预览窗口中更改文字内容，并单击文字，将其移动到相应位置，如图5-39所示。

 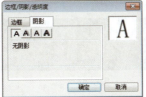 

图5-38	图5-39

07 将时间轴上的文字长度拖到与视频长度相同，完成字幕的添加，如图5-40所示。

图5-40

添加字幕

↘ 5.3.6 添加音频

视频编辑完成后，还可以为其添加背景音乐、旁白和配音等。下面为视频添加音频效果，其具体操作步骤如下。

01 选中第二段视频素材，单击鼠标右键，在弹出的快捷菜单中选择"静音"命令，将该视频中包含的音频删除，如图5-41所示。

02 将素材音频文件"音频.mp3"拖动到时间轴的音乐轨上，如图5-42所示。

图5-41	图5-42

03 拖动光标，使音频素材的区间与视频区间一致，也可直接在"选项"面板中更改音频的时间长度，如图5-43所示。

图5-43

添加音频

04 在"选项"面板中单击"淡入"按钮  和"淡出"按钮，如图5-44所示。

图5-44

05 单击时间轴上的"混音器"按钮 ，在混音器界面调整音频的淡入点和淡出点，此时完成音频的添加，如图5-45所示。

图5-45

↘ 5.3.7 输出视频

完成视频的制作后，需要将其输出为视频文件，再上传到淘宝中。下面输出制作的视频文件，其具体操作步骤如下。

01 在软件界面单击"共享"选项卡，进入"共享"界面，如图5-46所示。

02 单击"自定义"按钮，在下方格式中选择需要的视频格式，如图5-47所示。

图5-46

图5-47

03 单击格式右侧的"选项"按钮 ，在打开的对话框中单击选中"自定义"单选项，设置宽度与高度，完成后单击 确定 按钮，如图5-48所示。

04 继续在下方设置文件的名称和保存位置，并单击 开始 按钮，如图5-49所示。

图5-48

图5-49

05 系统自动开始渲染并输出视频文件，并显示渲染进度，最后在打开的提示框中单击 [确定]按钮即可。

5.4 制作水果小视频

不同的商品，其拍摄的方式也会不一样，但无论是以什么方式拍摄的视频，最终目的都是为了突出商品主体，让购物者产生兴趣。下面对拍摄的水果小视频进行编辑。

案例名称	制作水果小视频	
素材文件	素材/05/片头图.jpg、片尾图.jpg、橙子近距离.mp4、橙子旋转.mp4、背景音乐.mp3	
效果文件	效果/05/橙子主图.avi	
视频文件	扫右侧二维码	

↘ 5.4.1 设置项目和视频背景色

项目的设置方法与前面相同，视频的背景色默认为黑色，为了便于区别和观看，可以将背景色设置为其他颜色。下面为视频设置项目和背景色，其具体操作步骤如下。

01 启动会声会影，选择"设置/项目设置"命令，在打开的对话框中设置项目格式，单击[编辑(E)...]按钮，在打开的对话框中设置视频尺寸为800像素×800像素，如图5-50所示。

02 单击 [确定] 按钮返回主界面，继续选择"设置/参数选择"命令，在打开的"参数选择"对话框中的"预览窗口"栏下单击 ■ 图标，在打开的面板中设置视频的背景颜色，如图5-51所示。

图5-50

图5-51

图5-52

03 完成后单击 **确定** 按钮，此时视频的预览窗口中的视频背景变为白色，如图5-52所示。

↘ 5.4.2 调整素材位置顺序

时间轴视频轨中的素材前后顺序即为视频的播放顺序。下面将素材文件拖动到视频轨上，然后调整各个素材的位置，其具体操作步骤如下。

01 选择本案例中的除音频素材外的所有视频素材文件，将其直接拖动到会声会影的视频轨上，如图5-53所示。

图5-53

02 此时视频轨上的素材顺序是乱的，因此需要手动调整素材顺序。选中需要调整的素材文件，将其拖动至需要的位置并释放鼠标即可，如图5-54所示。

图5-54

03 使用相同的方法调整其他素材的顺序，如图5-55所示。

图5-55

04 在时间轴的右侧可以看到目前视频的时间为1分钟左右，因此需要调整素材图片或视频的播放时间，直接拖动调整视频素材的时间，使总时间保持在25秒左右，如图5-56所示。

图5-56

↘ 5.4.3 添加转场、字幕和音频

为了使视频效果更加丰富,还需要对其添加转场效果和背景音乐。下面为视频添加转场、字幕和音频,其具体操作步骤如下。

01 单击"转场"按钮 ,在打开的素材库中选择合适的转场效果,将其拖动到素材之间,如图5-57所示。

图5-57

02 选择"片尾图"图片素材,打开"标题"素材库,将合适的标题样式拖动到标题轨上,并将其调整为与图片相同的时间长度,如图5-58所示。

图5-58

03 在预览窗口中输入文字内容,选中文字并设置文字格式,如图5-59所示。

图5-59

04 将素材文件"背景音乐.mp3"拖动到时间轴的音乐轨上,调整音乐的时间长度,如图5-60所示。

图5-60

05 双击音乐打开"选项"面板，为音乐设置淡入和淡出效果，然后单击"混音器"按钮🎚️，为音乐设置淡入点和淡出点，如图5-61所示。

图5-61

06 编辑完成后，即可将视频输出到计算机中，注意输出时选择格式后要设置视频的显示比例为正方形，如图5-62所示。

行业技能展示

1. 淘宝视频拍摄实用道具

拍摄道具主要用于辅助摄影师对需要拍摄的商品视频，或者淘宝商家对于网店需要的视频进行拍摄上传。视频拍摄中，除了要用到最基本的摄像机、镜头、三脚架、补光灯、拍摄台等设备外，还需要用到其他一些实用道具。

图5-62

拍摄旋转台：拍摄旋转台也称为电动旋转台，是摆拍商品必备的一种辅助设备。将旋转台放在平整的台面上，把拍摄的商品放在上面，插上电源，就可以360°旋转展示，简单易用，如图5-63所示。

图5-63

白手套：白手套可以保护商品，保证淘宝商品拍摄特写时不留下指纹，如图5-64所示。

橡皮泥、双面胶：当拍摄某个特别的角度时，如果无法固定小物件商品，可考虑使用橡皮泥或双面胶使其"站立"或"倾斜"。

气吹：在进行某些光滑或透明商品的特写拍摄时，有时会发现商品表面有很多毛絮，气吹可以吹走影响画面整洁的毛絮，如图5-65所示。

热熔枪：在拍摄小件商品时，也可以使用热熔枪来固定商品，拍摄完轻轻用力拔出即可，如图5-66所示。

图5-64　　　　　　　　图5-65　　　　　　　　图5-66

喷水壶：在拍摄水果、沐浴用品和玻璃器皿等商品时，可适当均匀喷水，使其晶莹剔透，突出其新鲜度或商品特征。

线头剪：线头剪可以将商品多余的线头剪去，避免因为单反相机的高画质特性而拍出线头，从而增加后期处理的工作量。

2. 手机视频剪辑App

虽说不建议在剪辑视频时使用手机App，但是对于一些简单的、要求不高的视频，可以使用手机上一些免费的或付费的App来剪辑。下面推荐两款操作简单、能快速上手的视频剪辑App。

快影：快影是快手平台新推出的一款快速制作视频的软件。拥有智能语音识别功能，能快速识别视频中的话并自动转为字幕加入到视频中，如图5-67所示。

乐秀：乐秀用最简洁的操作，就可以把照片和视频制作成"超赞"的视频，其中还包括滤镜、贴图、配音、涂鸦等功能，如图5-68所示。

图5-67

图5-68

第三篇

淘宝店铺设计和优化

第6章

淘宝店铺首页设计

淘宝店铺首页代表了淘宝店铺的形象，作为门面担当，首页页面设计的美观性不仅可以激发买家的购买欲，对转化率也有很大影响。本章将为一家零食淘宝店铺制作首页，包含店招、分类活动导航、海报、分类引导、宝贝陈列区、页尾设计等版块的制作。通过本章的学习，可以了解淘宝首页的主要构成模块，掌握淘宝首页不同区域的设计要点以及各版块的具体制作技巧。

6.1 完整的店铺首页布局

淘宝店铺的首页相当于一家实体店的门面，其首页设计的好坏将直接影响顾客的购物体验和店铺的转化率，好的首页是由合适的版块布局组成的。店铺首页布局并不是将所有模块都堆积到界面中，而是将模块按照合适的组合进行排列，组成整体格局。不同类型的店铺其首页模块也不一样，在布局时还要考虑店铺的定位和类型。

↘ 6.1.1 店铺首页的设计要点

店铺首页的风格一般受品牌文化、商品信息、客户群、市场环境等因素影响，为了能引导顾客停留更长时间来了解商品信息，在设计首页时便要花很多心思。

1. 店铺定位

店铺首页布局，必须以店铺定位为中心，统一设计风格，然后在风格上突出店铺的主题和促销活动信息等。如护肤品可以成分中的"植物"为中心定位设计风格。经过设计师美化过的店铺首页更能给顾客留下印象，增强顾客的购物体验，从而达到宣传品牌的目的。

2. 必备模块

不同的店铺首页在装修上也会不同，但是一些基本的模块都是相同的，如店招、导航栏分类、商品图片、文案等，在设计前需要先确定店铺首页要包含哪些模块，以及各个模块的内容。

3. 商品视觉布局

若店铺的首页放置的商品图片很多，在设计时可以考虑对商品进行层次划分，如"主推商品""热销商品""新品上市"等，让顾客在浏览首页时能很快找到商品，避免视线繁杂引起购物疲劳。常见的首页布局包括单向型和曲线型。

单向型：该布局是通过竖向、横向和斜向的引导，将信息传达给顾客。竖向型的布局可以使页面产生稳定感且条理分明，如图6-1所示；横向型的布局符合人们的阅读习惯；斜向型的布局可以使画面产生层次感，增强视觉吸引力。

曲线型：曲线型在淘宝店铺中是较为常见的一种布局方式，以一定的曲线排列商品，可以使页面产生韵律感，引导顾客视线随曲线移动，如图6-2所示。

图6-1

4. 美观

美观是店铺首页设计最基本的要求，可以通过学习平面设计中的一些版式和色彩搭配，来增强店铺首页的统一性。

在文案字体和颜色的选择上，要随着场景的不同合理安排。通过字体、字号的搭配让顾客更清晰明了地接收信息，要知道在页面设计中并不是文字越大显示效果越好。

图6-2

↘ 6.1.2　熟悉店铺首页的构成模块

以淘宝网的旺铺专业版为例，一个正常营业的店铺首页主要包括店招、导航、海报、商品分类、客服旺旺、商品展示、店铺页尾、店铺背景等，如图6-3所示。

> **Tips**
>
> 并不是所有的店铺都是按照图6-3所示进行模块分类和布局的，在模块分类和布局时可以通过店铺风格、客户的浏览模式、需求等各个方面来合理排列和安排店铺首页的模块。

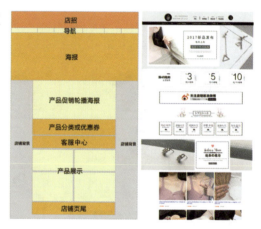

图6-3

在进行店铺首页布局前，先了解首页上重要模块的功能。

店招和导航：店招是店铺的招牌，位于首页最上方。店招的内容主要包括店铺名称、主推商品、收藏店铺图标等。导航栏位于店招下方，通常包括"所有分类""首页""热销商品""促销活动""产品各个分类""搜索框"等栏目。导航的分类最好不超过9个，如图6-4所示。

图6-4

悬浮活动导航：除了店招下的导航栏外，有的店铺在页面中会设置活动导航，随着顾客浏览位置的变化，活动导航将始终显示在页面的侧方，如图6-5所示。

海报/轮播图：首页海报可以给人震撼的视觉效果，所以可以通过在海报中进行视觉设计来展示店铺的活动；轮播图是多张海报滚动播放组合，为了避免错过其他海报的信息，建议轮播海报不超过3张，如图6-6所示。

图6-5

图6-6

图6-7

图6-8

优惠券或商品分类：优惠券的设置可以带动部分顾客为了"满减"活动购买多件商品，提升连带率，而商品分类则可以让顾客快速找到自己想要的商品，如图6-7所示。

商品展示：店铺首页对于商品的展示也是很有必要的，可以将热销商品、主推商品和应季商品放在最上方，如果有促销活动也可以将活动商品排在最上方，如图6-8所示。

客服中心：店铺的客服中心所占的高度不多，有些店铺将客服中心设置在店招上，有的则放在首页页面的最后。如果店铺首页特别长，则最好把客服中心放在最显眼的位置，让顾客一看就能看到，这样才能在顾客需要帮助时发挥作用。

店铺页尾：在PC端的店铺页尾模块，通常会放置"商品分类""回到顶部"以及"购物须知"等信息，如图6-9所示。

图6-9

行业规范

　　店铺的活动和优惠信息，如海报、轮播图、优惠券等，要放在首页重要的位置。图片内容的设计要一目了然，具有可读性；爆款与新款推荐不宜太多，可以使用关键字来把流量引到相应的分类里面；在模块的布局上要错落有致，图文搭配，同时模块结构和商品系列要清晰明了。

6.2　制作淘宝店铺店招

案例名称	制作淘宝店铺店招
素材文件	素材/06/logo .png、1.png、2.psd
效果文件	效果/06/店招.psd
视频文件	扫下文中二维码

　　店招可以根据店铺销售的商品和店铺风格进行设计，可以是文字也可以是图文组合。一般的店招包括店铺名称、店铺标识、收藏和关注等。下面通过Photoshop制作零食店铺的店招来具体介绍店招的制作，最终效果如图6-10所示。

图6-10

行业规范

　　以淘宝网为例，淘宝店铺的店招宽度为950像素（天猫的店招宽度为990像素），高度不超过150像素，若要使用官方默认的导航栏，建议店招的高度不超过120像素，且仅支持JPG、GIF、PNG格式。

【设计要点】

　　店招是顾客进入店铺首页时，首先映入顾客视线的界面。利用店招进行信息传达是店铺视觉设计的重要步骤之一，店招的视觉表现主要分为以下几个方面。

　　店招风格：店招的风格要和店铺整体统一，同时也要和店铺商品的风格有一定的关联性。

　　店招背景：店招左右两侧为店招的背景区域，在设计店招后还需要对店招的背景进行相应设计。

　　店铺标识：好的店铺标识更能深入人心，并有助于形成品牌文化。

收藏和关注图标：在店招中加入店铺收藏和关注图标的链接，可以留住更多潜在客户。

其他：在店招中还可以添加优惠券、热卖商品、活动公告、关键字搜索等。

↘ 6.2.1 绘制店招形状和添加文字

默认店招模块的尺寸为950像素×120像素，下面通过实例来介绍如何制作店招，其具体操作步骤如下。

01 新建一个尺寸为950像素×120像素、分辨率为72像素/英寸的空白文件。

02 将背景填充为淡黄色（RGB：251,242,169），然后将素材文件"logo.png"拖到图像文件中，按【Ctrl+T】组合键等比例缩放大小，将标识放在店招左侧，如图6-11所示。

图6-11

图6-12

03 选择工具箱中的直线工具绘制竖线，设置填充颜色为标识中文字的颜色（利用吸管工具吸取颜色），如图6-12所示。

04 选择工具箱中的横排文字工具，在竖线右侧输出文字，并设置字体为"微软雅黑"，颜色同为之前的红色，按【Ctrl+T】组合键缩放文字大小，如图6-13所示。

05 选择工具箱中的圆角矩形工具，在其工具属性栏上设置半径为"20"像素，然后在文字下方绘制一个圆角矩形。选择工具箱中的自定义形状工具，选择心形并在圆角矩形上绘制心形，对齐后合并这两个形状图层。在工具属性栏上单击"路径操作"按钮■，在弹出的下拉菜单中选择"排除重叠形状"命令，得到如图6-14所示的效果。

图6-13　　　　　　　　　　　　　图6-14

06 在圆角矩形上输入文字，设置字体为"微软雅黑"，颜色为白色，并调整文字大小，然后打开"字符"面板调整文字的字符间距，调整后的效果如图6-15所示。

07 选择工具箱中的椭圆工具绘制一个红色的椭圆，然后将素材文件"1.png"拖动到图像文件中，调整位置使新添素材出现在椭圆形状的左侧，如图6-16所示。

图6-15　　　　　　　　　　　　　　图6-16

08 输入商品文字，并设置字体和颜色，然后在文字下绘制白色圆角矩形，并输入文字，如图6-17所示。

09 选择这一整块涉及的图层，按【Ctrl+G】组合键将这些图层都放在一个组中，然后在图像上按住【Alt】键不放拖动复制一组图像，更改里面的素材图片和文字，如图6-18所示。

图6-17　　　　　　　　　　　　　图6-18

Tips

在图像文件中，按【Alt】键复制图层或图层组时，要先在选择工具的工具属性栏中选中"自动选择"复选框，并在右侧下拉列表中选择"图层"或"组"选项。

10 选择圆角矩形工具，在工具属性栏中设置半径为5像素，然后绘制一个白色的圆角矩形，设置描边为1像素的红色，如图6-19所示。

11 使用圆角矩形工具和椭圆工具绘制放大镜图标，设置无填充颜色描边为1像素的红色，然后合并这两个形状图层，并按【Ctrl+T】组合键旋转形状，如图6-20所示。

图6-19　　　　　　　　　　　图6-20　　　　绘制店招形状
　　　　　　　　　　　　　　　　　　　　　　和添加文字

12 新建一个透明的空白文件，使用圆角矩形工具绘制一个圆角矩形，在"属性"面板中设置只有右上角一个圆角，然后使用钢笔工具添加锚点并调整各锚点的位置，如图6-21所示。

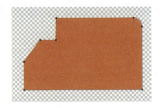

图6-21

13 使用钢笔工具绘制形状路径，合并相关形状图层后在工具属性栏中设置"排除重叠形状"，然后合并形状组件。再使用椭圆工具绘制圆形，合并这几个形状图层，在工具属性栏中设置"合并形状组件"，得到如图6-22所示的图标。

图6-22

14 将绘制的形状图标拖动到图像文件中，然后缩放图标放置在合适位置，在图标后面输入文字，并设置合适的颜色和字体，如图6-23所示。

图6-23

图6-24

6.2.2 制作店招页头背景

除了店招本身外，为了店铺的视觉美观性，还需要制作与店招背景保持一致的页头背景，其具体操作步骤如下。

01 打开制作的店招文件，删除除背景外所有的图层，选择"图像/画布大小"命令，打开"画布大小"对话框，在对话框中单击按钮，设置宽度为1920像素，高度为150像素，如图6-24所示。

Tips

在制作全屏设计图时，其图片宽度都应为1920像素，这样在淘宝店铺显示的图片才能布满计算机的整个屏幕。为了方便，在制作店招时可以直接按1920像素×120像素的标准来制作，最后再根据需要制作页头背景。

制作店招页头
背景

02 单击 确定 按钮，首先按【Ctrl+R】组合键显示标尺，然后拖出参考线到店招的边缘，比照店招的背景颜色，将相同的背景色填充到整个背景中，取消店招图层显示，填充效果如图6-25所示。

图6-25

03 在背景底部绘制30像素高的红色矩形（后期导航的位置），如图6-26所示。

图6-26

04 合并所有图层，将背景图层转换为普通图层，然后框选参考线中间的图像，按【Delete】键删除，最后将其存储为PNG格式的文件，如图6-27所示。

图6-27

Tips

为了避免店招和页头背景之间出现缝隙，可以在框选店招区域时将选区收缩一个像素，具体方法为选择"选择/修改/收缩"命令，在打开的对话框中设置选区收缩像素即可，一般设置1像素就可以了。

6.3　制作人性化的导航

案例名称	制作人性化的导航
素材文件	素材/06/2.png、叶子.psd、旺旺图标.png
效果文件	效果/06/首页导航.psd、活动导航.psd
视频文件	扫下文中二维码

导航是顾客浏览店铺的重要通道，可以增加顾客对店铺的深度查看，清晰明了且富有个性的导航，对提高店铺的转化率十分重要。除了店招下面高30像素的店招导航外，还可以制作悬浮活动导航方便顾客购物。下面通过Photoshop制作零食店铺的店招导航和悬浮活动导航来具体介绍导航的制作方法，最终效果如图6-28所示。

图6-28

【设计要点】

导航的主要作用是列出店铺的分类信息，选择不同的分类可以进入不同的商品页面，淘宝店铺中的导航是默认存在且不可删除的。

导航的设置并不是越多越好，要结合店铺的实际运营需要。店招导航位于店铺店招下方，宽度与店招相同，为30像素，淘宝店铺导航的文字信息部分建议设置在950像素以内；活动导航的尺寸建议选择宽度小于200像素、高度小于600像素，图片格式为JPG、PNG、GIF。

在设计导航时，需要注意以下几个方面。

- 导航栏的类别要明确，使顾客一目了然。
- 导航的文字与背景颜色要区分开。
- 导航和店招在色彩搭配上要统一，不能过于花哨。

↘ 6.3.1 制作店招导航

在之前已经制作了包含导航底纹的页头背景，因此可以直接打开"店招.psd"文件来添加导航列表，其具体操作步骤如下。

01 打开"店招.psd"文件，将画布大小更改为150像素宽，然后在店招下方绘制一个红色的矩形，如图6-29所示。

图6-29

制作店招导航

02 拖出参考线将导航进行等比例划分，分为9份，分别输入文字并设置文字的字体、颜色等，如图6-30所示。

03 在导航的最右侧绘制圆角矩形和心形，合并这两个形状图层后在工具属性栏设置"排除重叠形状""合并形状组件"后输入文字，并设置字体属性，如图6-31所示。

图6-30

图6-31

04 使用直线工具沿参考线绘制直线，为该形状图层添加图层蒙版，选择工具箱中的渐变工具，设置渐变色为黑色、白色、黑色，按【Shift】键沿直线拖动，得到上下透明的直线效果，如图6-32所示。

05 复制直线分别间隔各个导航类别，隐藏参考线后的效果如图6-33所示。

图6-32

图6-33

↘ 6.3.2　制作活动导航

活动导航的最大作用是在顾客浏览店铺首页时，无论在什么位置都能根据活动导航的列表找到需要的商品类别。下面为店铺制作活动导航，其具体操作步骤如下。

制作活动导航

01 新建一个尺寸为180像素×500像素、分辨率为72像素/英寸的空白文件。

02 使用圆角矩形工具绘制一个淡黄色的与画布大小相同的圆角矩形，然后绘制一个稍微小一些的圆角矩形，并设置描边为2像素的红色，无填充颜色，删除背景图层后的效果如图6-34所示。

03 在下方绘制一个红色的圆形，将该形状图层放在圆角矩形图层的上方，将鼠标指针移动到这两个形状图层之间，并按【Alt】键建立剪贴蒙版，如图6-35所示。

04 在圆形上绘制白色的箭头图标，然后输入文字，并设置字体颜色和大小，如图6-36所示。

图6-34

图6-35

图6-36

图6-37   图6-38   图6-39

图6-40   图6-41   图6-42

05 打开素材文件"2.png"和"叶子.psd"，将需要的素材拖动到图像文件中，分别调整其大小和位置，如图6-37所示。

06 在素材图像图层下方绘制红色的矩形，然后输入文字，如图6-38所示。

07 复制矩形和文字，然后分别更改文字内容即可，如图6-39所示。

08 使用矩形工具和椭圆工具绘制矩形和圆形图形，并合并这两个形状图层，然后输入优惠券的文字，如图6-40所示。

09 绘制圆角矩形，设置颜色为蓝色，新建图层，使用画笔工具绘制较浅的蓝色，然后为其建立剪贴蒙版，最后在圆角矩形中输入文字"联系客服"即可，如图6-41所示。

10 拖动素材文件"旺旺图标.png"到图像文件中，调整其位置和大小，然后再添加一些"素材叶子"即可，如图6-42所示。

6.4 制作淘宝店铺首页海报／轮播图

案例名称	制作淘宝店铺首页海报/轮播图
素材文件	素材/06/海报背景.psd、干果.psd
效果文件	效果/06/海报.psd
视频文件	扫下文中二维码

海报/轮播图一般位于店铺店招导航的下方，是顾客进入店铺时在首页中看到的

最醒目的区域，占有较大的面积。海报/轮播图的设计会根据店铺当时的活动来决定海报风格，可以是季节性的海报/轮播图，也可以是促销信息的海报/轮播图。下面通过制作零食店铺的海报来具体介绍海报的制作方法，最终效果如图6-43所示。

图6-43

【设计要点】

轮播图是由多张循环播放的海报的集合，因此这里主要介绍海报的相关内容。

1．海报主题

在制作店铺首页海报之前，需要先确定海报的主题，如新品上市、活动促销等。确定主题后，才能围绕主题来确定文案和图片信息等。海报的设计主要包括背景、文案和商品图片等，这里需要注意的一点是海报的文字不宜过多，围绕主题提炼一些重点文字即可，且要注意文字的主次关系，达到能让顾客在浏览过程中轻易抓住画面的重要信息的目的，如图6-44所示。

图6-44

2．海报构图方式

海报的构图方式有多种，但都遵循一个原则：要在视觉上平稳匀称，使其整体和谐，突出主题。下面对几种常见的海报构图进行介绍。

左右构图：该构图方式最为常见，一般分为左文右图或右文左图这两种方式，如图6-45所示。

图6-45

左中右三分式构图：该种构图方式一般是中间为文字，两边为图片，且在图片上可以大小不同，相比于左右构图更具有层次感，如图6-46所示。

图6-46

上下构图： 该构图方式一般分为上图下文或上文下图两种，如图6-47所示。

图6-47

其他构图： 除了以上的构图方式外，还有底面构图和斜切构图等。底面构图一般是海报背景为图片，然后在上面添加一个文字区域输入文字，如图6-48所示。斜切构图的画面更加动感、时尚，具有设计感，但该种构图方式在设计上要注意画面的平衡感，且要符合阅读习惯，如图6-49所示。

图6-48　　　　　　　　　　　　　　　　图6-49

3. 配色

在海报设计中配色也是非常重要的，配色要符合店铺的整体风格，不同的配色会给人带来不同的视觉感受。重要的文字信息需要用更突出的颜色来进行强调，以清晰的明暗对比来传递画面信息。

行业规范

淘宝店铺的海报尺寸默认宽度为950像素，若要做全屏海报，则宽度要设为1920像素，高度建议设置在600像素以内。

↘ 6.4.1　制作海报背景

在制作海报之前可以先从网上寻找灵感，然后寻找需要的素材。下面制作零食店铺的海报背景，其具体操作步骤如下。

01 打开素材文件"海报背景.psd"，将画布大小更改为1920像素×850像素的大小（这里多出高度用于放置优惠券），如图6-50所示。

02 分别调整海报背景中各个元素的位置，注意留出优惠券的位置，如图6-51所示。

图6-50　　　　　　　　　　　图6-51　　　　　　　　　　制作海报背景

03 在图层最上方新建一个"色相/饱和度"调整图层，在打开的"属性"面板中调整图像的色相和饱和度，如图6-52所示。

04 使用钢笔工具扣取背景图上两侧的树叶，复制图层后将其放置在草坪图层的上方，并擦除多余的图像，如图6-53所示。

图6-52

05 为右侧复制出的叶子图层添加图层蒙版，然后使用渐变工具拉出下面透明的效果，如图6-54所示。

图6-53　　　　　　　　　　　　图6-54

06 打开素材文件"干果.psd"，将抠出的图像拖动到图像文件中，并调整其大小和位置，然后将草的图像放在合适位置，并擦除多余的图像，如图6-55所示。

07 按【Ctrl】键单击干果图层缩略图将其载入选区，然后在该图层下方新建一个图层，选择"选择/修改/扩展"命令，在打开的对话框中设置选区扩展为3像素，然后用深色填充选区，如图6-56所示。

图6-55　　　　　　　　　　　　图6-56

↘ 6.4.2 制作海报主题文字

编辑好海报的背景后，下面为海报制作主题文字，其具体操作步骤如下。

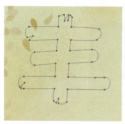 

图6-57 图6-58

01 新建图层组，将组名更改为"文字"，使用横排文字工具输入文字，设置字体后将文字图层转换为工作路径，然后用路径工具对路径进行编辑，如图6-57所示。

02 按【Ctrl+Enter】组合键将路径载入选区，新建图层，使用橙色到黄色的径向渐变对其进行填充，如图6-58所示。

03 在文字下方新建图层，将选区扩展6像素，然后填充为深棕色，并按方向键微调位置，如图6-59所示。

04 使用相同的方法输入其他的文字，如图6-60所示。

图6-59 图6-60 制作海报主题文字

05 调整文字的组合关系，然后对其他相关图层进行调整，如图6-61所示。

06 在所有文字图层上方新建图层，然后用钢笔工具绘制路径并填充为白色，为文字添加高光，如图6-62所示。

图6-61 图6-62

07 新建图层，绘制矩形并填充颜色，然后按【Ctrl+T】组合键进入变换状态，单击鼠标右键，在弹出的快捷菜单中选择"变形"命令，对矩形进行变形，如图6-63所示。

08 在矩形上输入文字，并设置字体和颜色，然后在工具属性栏中单击"创建文字变形"按钮，在打开的对话框中选择"旗帜"选项，并设置变形参数，如图6-64所示。

图6-63

图6-64

↘ 6.4.3　制作优惠券

优惠券一般位于海报的下方，也可以直接和海报一起制作。下面在海报中制作优惠券，其具体操作步骤如下。

01 新建图层组，将组名更改为优惠券，使用钢笔工具绘制一个不规则的矩形，载入选区后新建图层填充为深棕色，然后收缩选区，新建图层填充为橙黄，如图6-65所示。

02 双击橙黄矩形的图层，打开"图层样式"对话框，选中"内发光"复选框，在右侧设置内发光的参数，如图6-66所示。

图6-65

图6-66

制作优惠券

03 单击"确定"按钮后的效果如图6-67所示。

04 使用相同的方法为后面的深棕色矩形添加投影效果，如图6-68所示。

05 输入符号"￥"，转换为形状图层后使用圆角矩形工具绘制圆角矩形，合并相关的形状图层后在工具属性栏中设置合并形状组件，得到人民币的货币符号，如图6-69所示。

06 输入优惠券的文字，注意文字的大小和颜色，如图6-70所示。

07 在文字之间绘制直线间隔，然后绘制圆形制作"领取"按钮，如图6-71所示。

08 链接所有优惠券的图层，然后复制优惠券，更改文字内容即可，如图6-72所示。

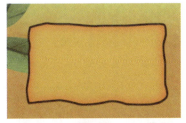
图6-67

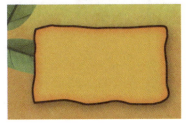
图6-68

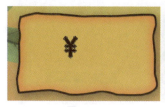
图6-69

图6-70

图6-71

09 选择之前的树叶图层，复制树叶并变换位置，使海报层次更丰富，最终效果如图6-73所示。

图6-72

图6-73

6.5 制作分类明确的宝贝陈列区

案例名称	制作淘宝店铺宝贝陈列区
素材文件	素材/06/产品.psd、产品1.psd
效果文件	效果/06/宝贝陈列区.psd
视频文件	扫下文中二维码

　　宝贝陈列展示区是首页非常重要的展示模块，可以帮助买家快速地了解店铺商品以及影响买家的购物决策。一般在首页上展示的宝贝陈列大多是热销商品或活动商品。下面通过制作零食店铺的宝贝陈列区来具体介绍陈列区的制作方法，最终效果如图6-74所示。

图6-74

【设计要点】

不同性质店铺的宝贝陈列展示区是不一样的，现在大多淘宝店铺的首页宝贝陈列展示区的宝贝都是按类别来进行排列的，但是一些卖时尚品的店铺在排版上会更多样化，下面就对常见的商品排版方式进行介绍。

1. 商品归类

对同类商品进行归类陈列，可以使商品最大程度地显示出来，能让买家第一眼就能看到，且在视觉上显得整洁美观，如图6-75所示。

图6-75

2. 主次分明

对于需要主推的商品或爆款商品，在排版上可以通过大小、色彩来对比，做到突出重点商品，如图6-76所示。

3. 图文混排

一些具有设计感的店铺，在排版商品时，多会采用图文混排的方式。在混排时，要注意商品描述和价格等信息需要对应相应的商品，以免混淆，如图6-77所示。

图6-76

4. 突出价格

对于一些爆款的商品，有些店铺会将价格和购买按钮进行放大、加粗和使用对比色等来突出显示，并弱化其他不重要的信息，如图6-78所示。

图6-77

图6-78

↘ 6.5.1 制作宝贝热卖推荐展示区

淘宝默认的宝贝陈列方式为一行多列的常规展示，除此之外，还可对商品进行自定义排列。下面制作宝贝热卖推荐展示区，其具体操作步骤如下。

[01] 打开之前制作的海报文件，重新新建一个
1920像素×800像素、分辨率为72像素/英寸的空
白文件。

[02] 绘制一个宽度为950像素的矩形，沿矩形边
缘拉出参考线，用于规定陈列区的区域。

[03] 将海报图像文件中的草地元素拖到该图像
文件中，并调整位置，如图6-79所示。

图6-79

[04] 绘制一个深棕色的圆角矩形，为其添加斜面和浮雕的图层样式，单击 ![确定] 按钮
后的效果如图6-80所示。

图6-80

[05] 使用钢笔工具绘制不规则的路径，并新建图层填充为浅一些的棕色，然后为其建立
剪贴蒙版，使其纹路放置在圆角矩形里面，如图6-81所示。

图6-81

[06] 在圆角矩形一侧绘制圆形，填充为橙黄色，然后为其添加棕色的内发光效果，如图
6-82所示。

[07] 在圆形里面绘制三角形，并填充为红色，链接关联图层后复制到圆角矩形的另外一
侧，并更改三角形的方向，如图6-83所示。

图6-82   图6-83

[08] 在圆角矩形上输入文字，载入文字选区后将其填充为淡黄到橙黄的线性渐变（也可
为其添加渐变叠加，以免后期修改），如图6-84所示。

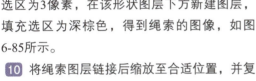

图6-84

09 再使用钢笔工具绘制形状，并设置形状颜色，然后选中路径后按【Alt】键依次向下复制路径，最后将该形状图层载入选区，并扩展选区为3像素，在该形状图层下方新建图层，填充选区为深棕色，得到绳索的图像，如图6-85所示。

图6-85

10 将绳索图层链接后缩放至合适位置，并复制到圆角矩形的另外一侧，如图6-86所示。

图6-86

11 使用相同的方法绘制下面的圆角矩形木板效果，如图6-87所示。

12 将圆角矩形载入选区后，收缩选区为15像素，然后填充为白黄到淡黄的径向渐变，如图6-88所示。

图6-87

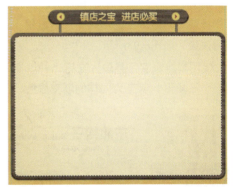

图6-88

13 取消选区后，双击收缩的圆角矩形图层，为其添加棕色的内发光图层样式，如图6-89所示。

14 打开素材文件"产品.psd"，将商品图片拖动到图像文件中，并设置位置和大小，如图6-90所示。

图6-89　　　　　　　　　　　　　　图6-90

15 在商品图片图层下方使用椭圆工具绘制椭圆，并设置相应的羽化半径，然后填充为黑色，为商品绘制阴影效果，如图6-91所示。

16 使用横排文字工具输入价格和描述文字，并设置相应的字体颜色，然后绘制直线将标题和副标题间隔开来，如图6-92所示。

图6-91　　　　　　　　　　　　　　图6-92

17 在文字右侧绘制一个圆角矩形，按照相同的方法添加斜面和浮雕的图层样式，然后复制标题圆角矩形上的木纹图层，放置在该圆角矩形上方并创建剪贴蒙版，得到木纹按钮的效果，如图6-93所示。

18 使用横排文字工具输入文字，并填充为白黄到淡黄的线性渐变，然后在文字右侧绘制一个三角形，填充为同样的渐变颜色，如图6-94所示。

图6-93　　　　　　　　　　　　　　图6-94

19 选择所有的说明文字和按钮图层，按【Ctrl+G】组合键将其放置在一个组中，并复制组到相应位置，更改文字内容即可，如图6-95所示。

20 为了让图片和文字更有连贯性，可以在图片和文字中绘制一个指向箭头，如图6-96所示。

图6-95　　　　　　　　　　　　　　　　图6-96

21　将打开的海报图像文件中的树叶等装饰图像拖动到该图像文件中，并调整大小、位置的图层顺序，效果如图6-97所示。

图6-97

制作宝贝热卖
推荐展示区

6.5.2　制作价格突出展示区

　　宝贝展示区的重点在于展示宝贝，因此无须添加其他多余的东西。下面对宝贝的新品展示区进行排列，重点展示价格等信息，其具体操作步骤如下。

01　打开之前制作的"热卖宝贝陈列区.psd"图层文件，删除除背景外的所有图片和文字，然后更改标题文字，如图6-98所示。

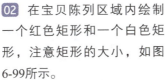

02　在宝贝陈列区域内绘制一个红色矩形和一个白色矩形，注意矩形的大小，如图6-99所示。

图6-98

03　在矩形上输入商品名称和价格，注意文字的大小和颜色区别，如图6-100所示。

04　为了突出价格，在价格的相关文字上绘制一个矩形，突出重点，如图6-101所示。

图6-99

05 在价格文字右侧绘制一个橙黄色圆角矩形，为其添加比填充颜色更深一点的黄色内发光图层样式，如图6-102所示。

图6-100   图6-101   图6-102

06 复制圆角矩形图层，更改填充颜色为红色，内发光的颜色为深红色，注意内发光的大小设置，如图6-103所示。

07 使用相同的方法在矩形里面绘制两个圆形并设置不同的填充颜色和内发光的图层样式，然后在圆形上方绘制一个红色的三角形，如图6-104所示。

08 在矩形上输入文字，并设置文字颜色和大小。然后为按钮下面的黄色矩形再添加一个投影效果，如图6-105所示。

图6-103   图6-104   图6-105

09 打开素材文件"产品1.psd"，拖动相关的商品图片到图像文件中，为其建立剪贴蒙版，将其放置在白色矩形中，如图6-106所示。

10 选择该商品的所有相关图形和文字图层，按【Ctrl+G】组合键创建图层组，然后复制图层组，分别更改组中的图片和文字即可，如图6-107所示。

图6-106

图6-107

制作价格突出
展示区

6.6 制作店铺页尾

案例名称	制作店铺页尾
素材文件	素材/06/快递.png、收藏.png、关注.png、购物车.png、旺旺.png
效果文件	效果/06/页尾.psd
视频文件	扫右侧二维码

首页页尾是店铺的最后一屏，该模块的灵活性强，店铺可以根据需要在首页页尾添加需要的信息。下面通过制作零食店铺的页尾来具体介绍首页页尾的制作方法，最终效果如图6-108所示。

图6-108

【设计要点】

在店铺的首页页尾会包含很多的信息，如店铺声明、店铺公告、关于发货等，在为买家提供方便的同时也体现出店铺的服务内容。店铺首页页尾在设计上多会采用简洁的图形和文字来传达相关的信息，如图6-109所示。

图6-109

因此，一般的店铺首页页尾主要包括以下几个方面的信息。

导航： 店铺首页页尾也会有导航，便于用户选择。

返回顶部按钮： 在页面过长的情况下，单击该按钮可以快速地跳转到页面顶部。

收藏、分享店铺： 在页尾添加收藏和分享店铺的按钮可以方便买家收藏和分享店铺。

客服： 便于买家在浏览完商品后联系客服，解决购物过程中遇到的问题。

温馨提示： 一般包括发货须知、买家必读、购物流程和关于快递等信息，可以帮助买家了解店铺的一些相关信息，减少买家对于常见问题的咨询量。

不同性质的店铺其在页尾放置的信息也会有所出入，因此，在实际运用中要根据实际情况判断。下面制作零食店铺的首页页尾，其具体操作步骤如下。

01 新建一个1920像素×250像素、分辨率为72像素/英寸的空白文件，将背景填充为红色。

02 拉出参考线确定内容区域，然后绘制一条比背景颜色更深一些的红色直线，如图6-110所示。

图6-110

03 在直线上方输入相关文字，并设置字体和颜色，然后在文字之间用白色的直线进行间隔，如图6-111所示。

04 将素材文件"收藏.png""关注.png""购物车.png""快递.png"分别拖到图像文件中，调整其颜色、位置和大小，如图6-112所示。

图6-111　　　　　　　　　　　　　　　图6-112

05 为了使图标的大小在视觉上保持一致，这里再在图标下面绘制白色的圆形，然后将图标颜色更改为红色，并调整位置，如图6-113所示。

06 在图标下面输入相关文字，并设置字体和颜色，如图6-114所示。

图6-113　　　　　　　　　　　　　　　图6-114

07 继续在下方使用多边形工具绘制三角形和输入文字，然后对画面中的各个元素进行适当调整，如图6-115所示。

08 输入客服相关文字，将素材文件"旺旺.png"拖到图像文件中，复制几个并放置在相应位置，如图6-116所示。

图6-115　　　　　　　　　　　　　　　图6-116

09 将红色的直线复制后放置在"返回顶部"按钮上方，如图6-117所示。

10 在"返回顶部"按钮下方绘制一个淡黄三角形，将"返回顶部"按钮的图形和文字的颜色更改为红色，使按钮醒目显示，如图6-118所示。

图6-117

图6-118

行业技能展示

1. 全屏页面背景

店铺的特色及风格很大程序上是由首页页面背景决定的，现在很多的淘宝店铺首页都是全屏显示。在制作首页时，可以先制作背景，然后制作其他的图标、宝贝展示图图像等，但是要注意制作时，这些图像要保持为PNG格式的文件。首页的背景主要分为横向平铺背景、全屏铺背景和全屏固定背景，下面分别进行介绍。

横向平铺背景：指整个店铺的页面背景是由一小块背景横向平铺而成的，常用于设置花边和阴影。

全屏铺背景：通过一张图片进行横向和纵向平铺生成自然衔接的背景图，常用于设置颜色较为简洁的背景图。

全屏固定背景：通常是使用一张图片全屏展示背景，在页面下拉时背景不会移动。但是该背景的设置要借助HTML代码来实现，且不能使用过大的图片，以免影响网页加载和运行速度。

2. 店铺分类引导

在衣服或小件商品的店铺中，通常在首页会设置分类引导模块，帮助引导顾客购买商品。该模块通过图标加文字的形式，能更快地让进入店铺的顾客点击相应的类别进入相应的归类页面，如图6-119所示。

但是并不是所有店铺都会添加分类引导模块，虽然分类引导可以引导顾客购物，但若店铺中已经有了页面活动导航，那该模块的作用也就不大，因此，在首页中模块的规划要从店铺的实际情况出发。

图6-119

第7章

淘宝宝贝详情页设计

　　宝贝详情页是提高转化率的入口，其目的在于激发顾客的消费欲望，增加顾客对店铺的信任感，消除顾客的疑虑，从而促使顾客下单。优化宝贝详情对转化率有提升的作用，但是起决定性作用的还是商品本身。本章将制作一款保温杯的宝贝详情页，通过本章的学习，可以了解淘宝详情页的主要构成模块，掌握详情页的制作思路。

7.1 完整详情页包含的设计内容

很多新手美工可能会以为详情页就是由简单的几张商品图片和一些参数组成，其实要设计一个优秀的详情页，其难度在于在做好页面设计的同时，还要从视觉角度来提高买家对商品的接受程度，也就是要提高转化率。因此，在制作详情页之前，需要花大量的时间去调查构思，确定方向，然后进行视觉设计。

7.1.1 详情页简介

详情页就是介绍商品详细情况的页面，其中包含了需要传达给消费者的所有信息。无论是PC端还是手机端的宝贝详情页，都与宝贝的转化率有着直接的关系，对店铺来说至关重要。

不同的商品，其详情页所包含的内容也会不一样，如服装类商品在详情页中需要标明具体的尺码信息、优势、材质、性能等；电器类商品要在详情页中标明商品的使用方法、注意事项等；美妆类商品要在详情页中标明商品的功效和成分等。总之，要引起消费者兴趣，激发其购买欲望，就必须让商品详情页具有吸引力、说服力和执行力等。

7.1.2 详情页展示模块

在淘宝网上任意打开一个宝贝的详情页，可以看到详情页所包含的内容模块，如图7-1所示。

1. 左侧模块

左侧模块通常包括宝贝搜索、宝贝分类和宝贝排行榜等信息，除此之外，还可以自行添加"自定义内容区"模块来丰富详情页，如店铺二维码、店铺宝贝热销款等。同一店铺的详情页左侧的模块都是相同的。

2. 右侧模块

右侧模块是整个详情页的主要展示区，宽度为750像素，高度可以根据情况自定义。右侧模块的内容应根据具体的商品来设置，如服装类详情页右侧模块的内容就包括商品信息、模特展示、细节展示和颜色展示等。

图 7-1

↘7.1.3 详情页设计的思路要点

详情页的目的就是为了让消费者更详细地了解商品的信息，引起消费者的兴趣，因此，在设计详情页时，商品信息要尽量详尽。

图 7-2

图 7-3

1. 引发兴趣的焦点图

具有创意的焦点海报图能吸引顾客眼球，引起顾客的注意。这些焦点图可以是商品的热销盛况、得奖荣誉、场景展现、升级更新等，如图7-2所示。

2. 激发需求的买家痛点图

电商销售，详情页为王，一味论述生产工艺好、产品好、企业好，不如多讲怎么满足用户的需求。提出需求，就是提出买家的痛点，痛点是最能打动消费者的，如图7-3所示。

3. 增加信任感的详细商品细节

从哪些角度展示商品细节才能让顾客更了解商品，这就需要卖家站在顾客的角度上考虑问题，了解顾客购买商品最关心的问题是什么，然后将这些问题详细且全面地展示出来，让顾客能从更多方面来了解商品的功能、品质、数据等。一般情况下，详情页的商品信息应包含以下细节。

商品参数：对于大多数商品来说，在详情页中都要标明商品参数信息，如尺码、尺寸大小、成分等，如图7-4所示。

商品卖点：挖掘商品卖点是为商品做优势设计，告诉消费者为什么要购买这个商品，或介绍商品有什么特别的功能，如图7-5所示。

同类商品对比：若商品与同类商品相比更具独特的优势，那么可以在详情页中将商品与其他同类商品做对比，如价格对比、价值对比、功能对比、品质对比等，如图7-6所示。

第三方评价：为了提高消费者的信任感，还可以在详情页中放入第三方评价，如购买者的评价、权威机构的评价、美妆达人的评价等，如图7-7所示。

图 7-4

图 7-5

图 7-6

图 7-7

　　使用方法/安装方法： 对于一些有使用过程的商品，如美妆类商品、冲饮类商品，以及需要自己安装的一些家居类商品（有些商品会在发货包装中附安装方法说明书），在详情页中一定要标明其使用方法/安装方法，以及时解答消费者使用或安装的疑惑，如图7-8所示。

图 7-8

图 7-9

4. 商品的全方位实拍图

不同的商品，实拍图的展示方式也不一样，有的是场景展示，如家具家电类商品；有的是模特展示，如服装类商品。无论哪种展示方法，都必须将商品的不同颜色、不同款式、不同组合方式，以及各种细节大图展示出来，如图7-9所示。

5. 消除顾客疑虑的资质荣誉

对于某些商品来说，所含成分、安全性能等问题是顾客更关心的，这时为了消除顾客疑虑，可以将商品的资质荣誉放在醒目位置，如图7-10所示。

6. 购物赠好礼

为了促使顾客下单，还可以在详情页中制作"下单送好礼""晒图有礼"等吸引顾客参与的图文提示，如图7-11所示。

图 7-10

图 7-11

7. 商品包装

好的商品包装能降低顾客在收到商品时的心理落差，提升品牌好感度，如图7-12所示。有些有实体店的商家，还可在详情页中展示品牌的实体专卖店。

8. 售后服务

标明售后服务的各种问题，如退换货问题、质量问题、快递问题等，能有效减轻客服压力，并让顾客更加信任商家，如图7-13所示。

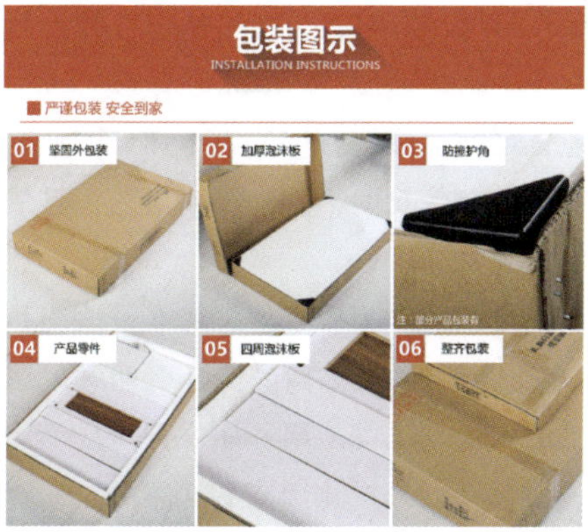

图 7-12 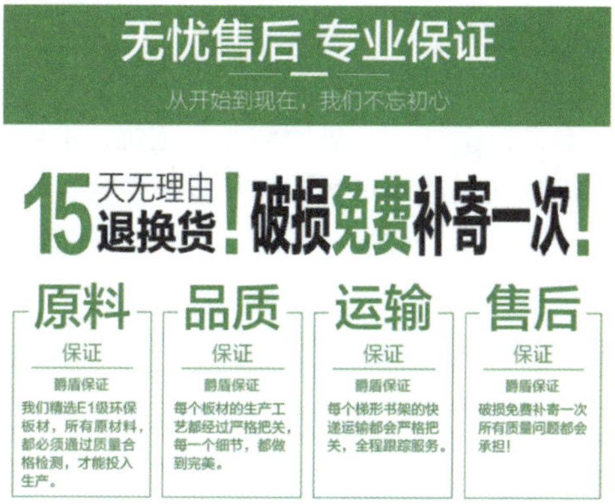　　　　　　　　　　　　　　图 7-13

9. 关联推荐

顾客浏览完宝贝详情页后，可能并不会立即下单购买该商品，而是再查看同类或其他商品，此时若在详情页中添加关联推荐，可以有效地引导顾客查看其他商品，从而提高店铺其他商品被选择的概率，如图7-14所示。关联推荐可以放置在详情页上方，也可放在其下方，同一店铺所有的宝贝详情页中的关联推荐都相同。

图 7-14

10. 促销活动信息

除了商品本身的详情内容外，还可在详情页上方链接店铺的促销活动信息，如活动海报、优惠券、折扣信息等，如图7-15所示。

> **Tips**
>
> 商品详情页中的具体内容要根据商品的性质决定，且要站在消费者的角度来考虑详情页模块内容的先后顺序。

↘ 7.1.4　详情页的制作思路

不同的产品其详情页所表达的营销内容也不一样，但大多数的详情页都有共同的思路，下面便具体讲解详情页的制作思路。

图 7-15

构思详情页的内容： 确定详情页的内容模块，可以使用Excel表格确定，并且最好一次性构思好，不要想一个写一个。

确定产品卖点： 确定商品的定位、主要卖点，如商品解决顾客的哪个痛点，顾客在做购买决策时最看重的是哪一点。消费者在接受和储存信息时，是一一对应的，且最多能储存两三个，因此，确定商品主要卖点是非常重要的。

满足用户需求： 有了商品卖点后，可以从商品哪里好、为什么好、怎么证明商品确实很好3个方面来分析顾客需求。大致流程为：提出需求→提出商品为什么能满足这个需求→证明产品效果→增加专业度和可信度→关联销售→品牌故事和研发实力。

内容与文案优化： 通过顾客的浏览习惯与浏览感知，来优化版式和文案。

> **⊙ 行业规范**
>
> 　　详情页的长度并不是一味地加内容，而是要将核心卖点多次对顾客进行强调，如绿色环保的家具就要不厌其烦地强调绿色环保。详情最佳长度建议在15 000像素左右。

7.2 制作宝贝详情页

案例名称	制作宝贝详情页
素材文件	素材/07/商品图
效果文件	效果/07/详情页.psd、详情页.png
视频文件	扫下文中二维码

　　详情页的精髓是产品视觉营销，一张好的详情页有两个基本要求，首先是美观，其次是痛点。详情页应该逻辑清晰，宣传有力，让人看完就产生消费的冲动。下面通过Photoshop制作保温杯的详情页，最终效果如图7-16所示。

【设计要点】

　　下面以保温杯的宝贝详情页为例，讲解详情页的设计要点。

产品材质： 清晰准确的材质描述能有效避免部分误解和中差评。

尺寸和风格： 尺寸必须描述清晰，是否为手工测量，是否存在误差都要表达清晰；找到产品风格，吸引目标人群。

文案： 从产品的定位人群来写作文案。

色彩和布局： 确定详情页色调和布局，为了突出商品，色调和布局应偏向简约风格。文字字体要符合整体风格，字体大小、颜色要统一，避免内容字体为纯黑。

图 7-16

↘ 7.2.1 制作焦点图

焦点图是宝贝详情页的第一张图,作用在于让顾客有一个整体印象。下面制作保温杯的焦点图,其具体操作步骤如下。

01 新建一个尺寸为750像素 × 10000像素、分辨率为72像素/英寸的空白文件。

02 将素材文件"1.jpg"拖动到图像文件中,调整其大小和位置,如图7-17所示。

03 将素材文件"背景.jpg"拖动到图像文件中,并将其调整到保温瓶图层下方,如图7-18所示。

图 7-17   图 7-18

04 栅格化图层后在保温瓶图层上使用橡皮擦工具擦除多余的白色背景，注意设置橡皮擦的不透明度，如图7-19所示。

05 使用横排文字工具输入文字，为每个文字设置不同的颜色，如图7-20所示。

制作焦点图

图7-19　　　　　　　　图7-20

06 双击文字图层，为其设置描边和投影的图层样式，如图7-21所示。

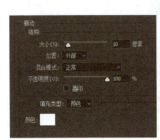

图7-21

↘ 7.2.2　制作其他细节部分

　　详情页除了最开始的焦点图外，在下面可以分别列出产品的功能、特点和卖点等，并展示商品的实拍情景图。下面制作保温杯的其他细节图，其具体操作步骤如下。

01 使用椭圆工具◯在下方绘制一个圆形，然后按住【Alt】键不放使用路径选择工具依次复制圆形，如图7-22所示。

图7-22

02 使用矩形工具▦绘制一个矩形，将其移动到圆形的中间位置，合并圆形图层和矩形图层，再使用路径选择工具选中所有形状，如图7-23所示。

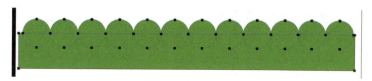

图 7-23

03 在工具属性栏中单击"路径操作"按钮 ▣，在打开的菜单中选择"合并形状组件"命令，完成后将填充颜色设置为红色，如图7-24所示。

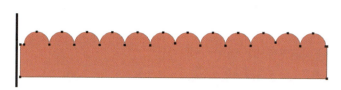

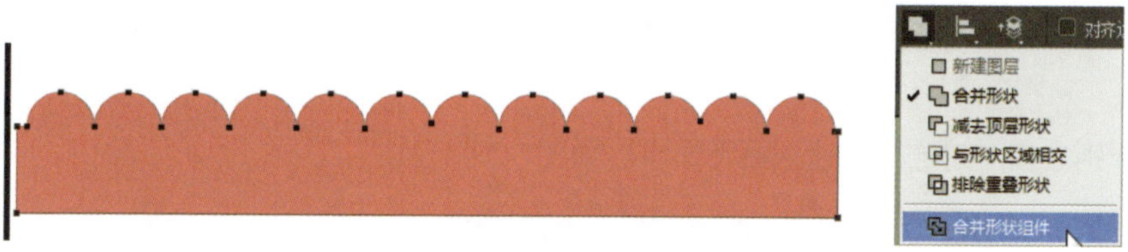

图 7-24

04 将该形状图层复制一个，移动到相应位置后合并这两个形状图层，然后再合并形状组件，使用直接选择工具 ▶，选择下方的锚点并拖动，如图7-25所示。

图 7-25

05 复制一个该形状图层，并设置填充颜色为白色，将该形状图层放在红色形状图层下方，微移图层使图像显示出部分白色区域，如图7-26所示。

图 7-26

06 绘制一个白色的正方形，依次复制3个，选中这4个正方形，将其垂直居中对齐并水平居中分布，如图7-27所示。

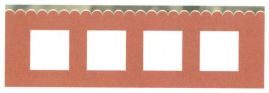

图 7-27

制作其他细节
部分1

07 将素材文件"安全.png""保温.png""密封.png"和"点喷.png"依次拖动到图像文件中，调整其位置和大小，使各图像依次分布在正方形上。栅格化图层后，单击"图层"面板中的"锁定透明像素"按钮，锁定这些图层的透明像素，设置前景色为红色，按【Alt+Delete】组合键分别填充为红色，如图7-28所示。

图 7-28

08 分别在相应图标下方输入白色文字，如图7-29所示。

图 7-29

09 将正方形、图标和文字等相关图层选中，并按【Ctrl+G】组合键创建图层组。

10 选择钢笔工具，在工具属性栏中设置为形状，绘制两个锚点，将第二个锚点使用【方向】键调整到下方，按住【Alt】键的同时单击锚点将其变为直线型的锚点，然后依次单击闭合锚点，注意在闭合时按住【Alt】键，可以直接形成直线角，如图7-30所示。

11 使用路径选择工具复制形状，将其水平翻转，继续对形状路径进行复制变换，得到如图7-31所示的效果。

图 7-30

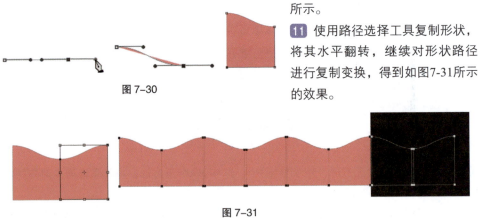

图 7-31

12 选中所有形状路径，在工具属性栏中设置合并形状组件，效果如图7-32所示。

13 绘制矩形，并复制3个矩形，再分别为矩形设置不同的径向渐变叠加颜色（这里的颜色分别对应产品的颜色），然后选中这4个矩形图层，按【Ctrl+Alt+G】组合键为其创建剪贴蒙版，如图7-33所示。

图 7-32　　　　　　　　　　　　　　　图 7-33

⑭　绘制矩形，设置填充颜色为淡粉色，然后将该形状图层放置在下方，如图7-34所示。

⑮　在形状上方输入文字，设置相应的字体和颜色，如图7-35所示。

图 7-34　　　　　　　　　　　　　　　图 7-35

⑯　打开素材文件"3.jpg"，使用钢笔工具分别将商品图抠取出来，如图7-36所示。

⑰　分别将抠出的图像拖动到编辑的图像文件中，调整图像位置和大小，使其分别位于前面制作的形状上方，效果如图7-37所示。

图 7-36　　　　　　　　　　　　　　　图 7-37

⑱　分别复制商品图像的图层，垂直翻转后创建图层蒙版，然后使用渐变工具为商品图制作倒影效果，如图7-38所示。

⑲　复制波浪形状图层和文字图层，将其移动到最下方，更改形状颜色和文字内容，如图7-39所示。

图 7-38   图 7-39

20 将素材文件"4.jpg"拖动到图像文件中，栅格化该图层后框选上方的白色区域，按【Delete】键删除，然后将图像调整到合适位置，如图7-40所示。

21 在图片下方绘制两个圆角矩形，分别设置圆角矩形的填充颜色和描边，并居中对齐，如图7-41所示。

图 7-40   图 7-41

22 在矩形中输入商品相关的文字信息，设置字符格式，效果如图7-42所示。

品名：创意水果陶瓷保温杯	重量：（约）0.29kg
颜色：绿色、蓝色、粉色、黄色	材质：杯身陶瓷 杯盖实木，不锈钢
容量：（约）450ml	工艺：纯手工制作
规格：（约）直径7cm、高20cm	产地：景德镇

图 7-42

23 将与商品介绍模块相关的图层创建为图层组。

24 复制标题文字图层和相关的形状图层到画布下方，更改文字内容和形状颜色，制作商品亮点图，如图7-43所示。

制作其他细节
部分2

图 7-43

25 打开素材文件"粉色细节.psd"，将相关细节图片拖动到图像文件中，并排列整齐，如图7-44所示。

26 在右下角绘制红色矩形，并输入相关的商品文字信息，如图7-45所示。

图 7-44

图 7-45

27 再次复制标题文字和相关形状图层到画布下方，并更改文字内容和形状颜色，制作商品细节图，如图7-46所示。

28 将素材文件"2.jpg"拖动到图像文件中，为其创建剪贴蒙版，如图7-47所示。

图 7-46

图 7-47

29 在图片下方输入相关文字信息，并设置字符格式，如图7-48所示。

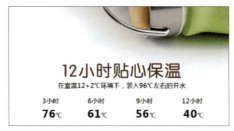

图 7-48

30 打开"黄色细节.psd""蓝色细节.psd"和"绿色细节.psd"，分别将相关的细节图片拖动到图像文件中，调整其位置和大小，如图7-49所示。

图 7-49

31 绘制深红色的矩形，将其复制拖动到图片的间隔位置，如图7-50所示。

32 再次复制标题文字和相关形状图层到画布下方，更改文字内容和形状颜色，制作场景展示图，如图7-51所示。

图 7-50   图 7-51

33 将素材文件"5.jpg""6.jpg""7.jpg""8.jpg"和"9.jpg"拖动到图像文件中，然后调整图像到合适位置，注意为最上方的图片图层创建剪贴蒙版，如图7-52所示。

图 7-52

34 完成所有操作后将其保存到计算机中即可。

Tips

若图片中的白色背景过多，可以将图层栅格化后删除多余的白色背景区域。若在制作详情页的过程中画布不够，可以选择"图像/画布大小"命令，打开"画布大小"对话框，在其中更改画布的高度，并单击 按钮，可以将画布向下扩展，如图7-53所示。

图 7-53

行业技能展示

1. 商品尺寸对比小窍门

在制作宝贝详情时，商品参数是必须存在的，这样能更好地提高买家购物体验。如果要突出商品大小，除了在商品参数中标示数值外，还可以将常见的生活物件如手机、硬币、A4大小和杂志等，摆放在一起进行对比参照，让买家更好地了解商品大小，如图7-54所示。

图 7-54

2. 轻松去除复制后的文字格式

在Photohsop中，将A段文字复制到B段文字中时，复制的不仅仅是文字本身，还有A段文字自带的文字格式。若需要将复制的A段文字粘贴到B段时自动变为B段文字的格式，可以先把A段文字粘贴到记事本（TXT文档）中进行中转，然后复制粘贴到B段文字中即可。

第8章

淘宝设计图的切割与优化

在淘宝网的首页和详情页中，有许多图片需要添加链接，由于设计时是整个画面同时进行的，因此需要对图片进行切割，做到一张图一个链接，然后使用Dreamweaver软件进行编辑。本章将具体讲解淘宝图片的切割、优化和上传等操作。通过本章的学习，可以掌握淘宝图片的切割、存储和上传方法，以及Dreamweaver的一些简单操作。

8.1 长设计图的切割

宝贝详情页制作完成后，并不能直接将其保存为JPG图片格式并上传到店铺中使用，因为图片过大，买家在浏览店铺宝贝页面时，图片不能快速地展示出来，需要加载很长时间，买家可能没有耐心等待。为了解决这一问题，需要对详情页的设计图进行切割。

↘ 8.1.1 使用切片工具切割图片

案例名称	使用切片工具切割图片
视频文件	扫右侧二维码

使用Photoshop的切片工具可以将图片切割成适当的尺寸，下面将对详情页的图片进行切片，其具体操作步骤如下。

01 打开第7章的效果文件"详情页.psd"，选择"文件/导出/存储为Web所用格式"命令将其存储为PNG格式的文件。

02 关闭当前图像文件，打开存储为PNG格式的图片。

03 按【Ctrl+R】组合键显示标尺，然后在需要切片的各个位置拉出参考线，如图8-1所示。

04 选择工具箱中的切片工具 ，单击工具属性栏中的 基于参考线的切片 按钮，此时，可将被辅助线划分好的区域自动进行切片，如图 8-2 所示。

图 8-1

Tips

除了使用辅助线来切片图片外，还可以直接使用切片工具绘制切片区域，只是需要注意在绘制时，一定要保证切片的宽度与图片宽度一致，且切片与切片之间的衔接应在同一线条上，否则存储图片时，图片将会出现切割不整齐或图片区域重复的现象。

图 8-2

↘ 8.1.2　存储生成HTML文件

案例名称	存储生成HTML文件	
视频文件	扫右侧二维码	

　　对图片切片后，需要将其导出为网页格式的文件。下面将切割的图片存储为HTML格式，其具体操作步骤如下。

01 选择"文件/存储为Web所用格式"命令，在打开的"存储为Web所用格式"对话框中，选择图片格式为"JPEG"，品质为80，如图8-3所示。

图 8-3

02 单击 存储 按钮，在打开的"将优化结果存储为"对话框中，选择格式为"HTML和图像"，如图8-4所示。

03 单击"保存"按钮，即可将文件存储为HTML格式，如图8-5所示。

图 8-4   图 8-5

↘ 8.1.3 复制代码并发布图片

案例名称	复制代码并发布图片
视频文件	扫右侧二维码

切片图片后，需要将其上传到图片空间中，再对代码进行编辑。下面将切片后的图片上传到图片空间并发布图片，其具体操作步骤如下。

01 使用浏览器打开淘宝网，登录后单击"卖家中心"超级链接，如图8-6所示。

02 在打开的网页中单击"店铺管理"栏中的"图片空间"超级链接，如图8-7所示。

图 8-6   图 8-7

03 在打开的网页中单击 上传图片 按钮，如图8-8所示。

04 在打开的对话框中单击 点击上传 按钮，打开"打开"对话框，选择之前切片的图片，如图8-9所示。

图 8-8 图 8-9

05 单击 打开(O) 按钮后，在打开的对话框中会显示图片的上传进度，如图8-10所示。

06 选择之前保存的html格式的文件，单击鼠标右键，在打开的快捷菜单中选择"打开方式/记事本"命令，如图8-11所示。

图 8-10 图 8-11

07 将<table>到</table>之间的代码复制下来，如图8-12所示。

08 在"卖家中心"网页中单击"店铺装修"超级链接，如图8-13所示。

图 8-12 图 8-13

09 在打开的页面中单击"详情装修"超级链接，在打开的页面中对应的宝贝栏中单击 +发布宝贝 按钮，如图8-14所示。

10 在打开的页面中根据商品的特征设置好相关的参数，在宝贝描述编辑框中单击"源码"按钮 <>，将刚刚复制的代码粘贴到文本框中，如图8-15所示。

11 再次单击"源码"按钮 <>，此时前台的框架已经出来了，但是没有显示图片，如图8-16所示。

图 8-14

图 8-15

12 回到"图片空间"网页，找到对应的图片，单击"复制链接"按钮 🔗，在打开的对话框中手动复制链接，如图8-17所示。

图 8-16

图 8-17

13 回到"宝贝描述"文本框，选中图片，单击"编辑"超级链接，如图8-18所示。

14 在打开的对话框中将图片地址替换为在图片空间中复制的地址，如图8-19所示。

图 8-18

图 8-19

15 单击 确定 按钮，返回宝贝描述文本框，即可显示图片，如图8-20所示。

16 使用相同的方法替换其他图片的图片地址，然后设置其他的参数，最后单击 发布 按钮，即可完成宝贝详情描述的发布。

图 8-20

Tips

在宝贝描述下方的"手机端描述"栏中单击 按钮，可直接生成手机端的详情页，并显示预览效果，如图8-21所示。

图 8-21

8.2 学会使用 Dreamweaver 编辑热点

除了前面介绍的方法外，还有一种不用切片也可为图片添加多个链接的方法，这在制作首页图片链接时尤为实用。为图片添加热点需要在Dreamweaver里面进行操作，对于传统的切片，该方法更能提高工作效率，因此，掌握使用Dreamweaver实现店铺装修中的页面链接操作是美工的必备技能之一。

⬂ 8.2.1　上传图片到图片空间

案例名称	上传图片到图片空间	
视频文件	扫右侧二维码	

在添加热点之前，需要将整张图片上传到图片空间。下面将店招导航的图片上传至图片空间，其具体操作步骤如下。

01 打开第6章的效果文件"店招导航.psd"，选择"文件/导出/存储为Web所用格式"命令，将其存储为JPG格式的文件。

02 关闭当前图像文件，打开存储为JPG格式的图片。

03 使用浏览器打开淘宝网，登录后单击"卖家中心"超级链接，如图8-22所示。

04 在打开的网页中单击"店铺管理"栏中的"图片空间"超级链接，如图8-23所示。

图 8-22　　　　　　　　　　　　　图 8-23

05 在打开的网页中单击 新建文件夹 按钮，如图8-24所示。

06 在打开的对话框中输入文件夹的名称，完成后单击 确定 按钮，如图8-25所示。

图 8-24　　　　　　　　　　　　　图 8-25

07 双击新建的"店招导航"文件夹，打开文件夹，然后单击 上传图片 按钮，如图8-26所示。

08 在打开的"上传图片"对话框中单击 点击上传 按钮，如图8-27所示。

图 8-26　　　　　　　　　　　　　图 8-27

09 打开"打开"对话框，双击需要上传的图片，如图8-28所示。

10 上传完成后网页会提示上传成功，如图8-29所示。此时，即完成将图片上传到图片空间里的操作。

图 8-28　　　　　　　　　　　　图 8-29

↘ 8.2.2　使用Dreamweaver绘制热点

案例名称	使用Dreamweaver绘制热点	
视频文件	扫右侧二维码	

　　Dreamweaver里的热点工具主要用于对图片上需要添加链接的位置进行划分，然后获取HTML代码。下面在店招导航上绘制热点，其具体操作步骤如下。

01 在图片空间中将鼠标移动到图片上，单击"复制链接"按钮 ◎，在打开的提示框中复制图片链接，如图8-30所示。

图 8-30

02 启动Dreamweaver，选择"文件/新建"命令，或按【Ctrl+N】组合键，在打开的"新建文档"对话框中选择"HTML"选项，如图8-31所示。

03 单击 创建(R) 按钮，选择"插入/图像"命令，或按【Ctrl+Alt+L】组合键，打开"选择图像源文件"对话框，在"文件名"文本框中粘贴刚刚复制的链接，如图8-32所示。

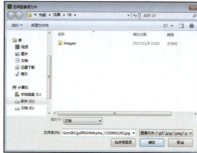

图 8-31 图 8-32

04 单击 确定 按钮即可插入图片，如图8-33所示。

图 8-33

Tips

若在插入图片时代码里显示的地址有误，可以手动将图片地址更改为图片空间中复制的地址（<img src=""引号中的代码表示图片的网络地址）。要将图片和代码都显示在界面中，需要单击界面菜单栏下的"拆分"按钮。

05 单击菜单栏下的 ▾ 按钮，在打开的菜单中选择"设计"选项，进入设计视图，如图8-34所示。

06 单击选中图片，在"属性"面板中单击矩形热点工具 ▫，如图8-35所示。

图 8-34 图 8-35

07 在店招导航图片上需要添加链接的位置绘制一个矩形，表示该位置将设置为热点，如图8-36所示。

08 在"属性"面板中的"链接"文本框中输入该热点链接的网络地址,在"目标"下拉列表中选择"-blank"选项,表示单击该链接后将在新窗口中打开对应的网页,如图8-37所示。

图 8-36　　　　　　　　　　　　　　　　　　图 8-37

09 使用相同的方法为其他位置设置热点并链接对应网页的地址,如图8-38所示。

图 8-38

10 进入"代码"视图,将<body>和<body>中间的代码选中,按【Ctrl+C】组合键复制代码,用于后续操作,如图8-39所示。

图 8-39

Tips

若界面中找不到"属性"面板,可以选择"窗口/属性"命令打开"属性"面板。若插入图片时图片没有正常显示,可以将文档保存后重新打开。

↘8.2.3 装修预览

案例名称	装修预览	
视频文件	扫右侧二维码	

　　得到代码后，即可将代码粘贴到淘宝装修页面中，实现热点的形成。下面使用复制的代码来装修店铺店招导航，其具体操作步骤如下。

01 进入卖家中心，在网页左侧"店铺管理"栏中单击"店铺装修"超级链接，如图8-40所示。

02 在打开的网页中单击 PC端 按钮，然后单击首页右侧的 装修页面 按钮，如图8-41所示。

图 8-40　　　　　　　　　　　　　　　　图 8-41

03 进入装修后台页面，在店招模块右上角单击 编辑 按钮，如图8-42所示。

图 8-42

04 打开"店铺招牌"对话框，选中"自定义招牌"单选项，单击"源码"按钮 <>，将复制的代码粘贴到文本框中，然后将高度修改为"150像素"，如图8-43所示。

图 8-43

05 单击"源码"按钮 <>，此时的图片没有显示，因此需要单击"编辑"超链接来将图片的地址更改为图片空间中的图片地址。再单击 保存 按钮保存并关闭对话框。

06 单击网页左侧的"页头"按钮，在展开的面板中"页头背景图"栏单击"更换图片"按钮，如图8-44所示。

07 在打开的对话框中双击第6章制作的页头背景图片，如图8-45所示。

图 8-44　　　　　　　　　　　　　　　　　　　　图 8-45

08 完成后在页面中依次单击 关闭 按钮、 不平铺 按钮和 居中 按钮，如图8-46所示。

09 单击 预览 按钮即可预览装修效果，此时将鼠标指针移动到前面设置的热点上，鼠标指针变为 形状，表明该位置可以单击，如图8-47所示。

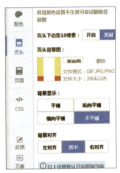

图 8-46　　　　　　　　　　　　　图 8-47

8.3 获取淘宝常见链接的代码

在装修店铺时，代码是必不可少的，除了前面讲解的获取图片空间中的图片代码外，还需要掌握其他常见代码的获取方法，如宝贝、分享、评论、旺旺等。获取代码后，将其粘贴到Dreamweaver的相应位置，配置参数后再复制到店铺装修相应位置后，相关模块即可添加到店铺中。

↘ 8.3.1 "宝贝"链接代码

宝贝的链接是淘宝最常用的链接，可以通过"卖家中心"页面和打开的淘宝宝贝网页查看。下面通过"卖家中心"页面复制宝贝链接，其具体操作步骤如下。

01 进入卖家中心网页，在"宝贝管理"栏中单击"出售中的宝贝"超级链接，如图8-48所示。

02 在打开的宝贝列表中单击宝贝对应的"复制链接"超级链接，即可复制宝贝链接，如图8-49所示。

图 8-48　　　　　　　　　　　　　　　图 8-49

 Tips

进入淘宝网，打开店铺中的宝贝详情页，复制浏览器地址中的网址也可复制宝贝链接。

↘ 8.3.2 "分享"链接代码

"分享"是指将店铺和宝贝等分享到淘宝动态、新浪微博和搜狐等平台中。下面具体讲解"分享"链接的获取方法，其具体操作步骤如下。

01 在浏览器的地址栏中输入"sns.taobao.com"，按【Enter】键进入淘宝sns组件平台，单击"组件中心"选项卡，如图8-50所示。

02 在打开的页面下方选择一种外观，在右侧的"配置项"栏可以查看代码中需要填写的项目，完成后单击 复制代码 按钮，如图8-51所示。

图 8-50

图 8-51

03 将复制的代码粘贴到Dreamweaver中（复制时要将代码放在<body>与</body>之间），并填写完需要配置的参数，然后将代码装修到店铺中即可。

Tips

分享商品时type填写item，key填写宝贝的ID；分享店铺时type填写shop，key填写店铺的ID；分享活动时type填写webpage，key填写活动页面地址。

↘ 8.3.3 "评论"链接代码

评论相当于留言板，买家可以通过发表评论来评价宝贝，评价后评论的内容会显示在网页的评论区中。下面具体讲解"评论"链接的获取方法，其具体操作步骤如下。

01 在打开的"组件中心"页面中单击左侧的"评论组件"选项卡，在打开的页面下方可以查看评论的外观和代码，如图8-52所示。

图 8-52

02 单击 复制代码 按钮，将复制的代码粘贴到Dreamweaver中，并填写完需要配置的参数，然后将代码放到店铺的自定义内容区即可。

Tips

若需要控制评论区的宽度和高度，可以在评论组件代码最上方编写一行代码，为评论区添加一个外框，并规定外框的大小，然后为这个外框添加超出overflow:auto（如：<div style="width: 500px;height:500px;overflow:auto;">），表示若框中的内容超出框的大小，则浏览器会显示滚动条以便查看其余内容。

↘ 8.3.4 "喜欢"链接代码

"喜欢"的链接同样包含宝贝、店铺和活动3种类型。下面具体讲解"喜欢"链接的获取方法，其具体操作步骤如下。

01 在打开的"组件中心"页面中单击左侧的"喜欢"选项卡，如图8-53所示。

02 在打开的页面下方可以查看"喜欢"的外观和代码，如图8-54所示。

图 8-53   图 8-54

03 单击 [复制代码] 按钮，将复制的代码粘贴到Dreamweaver中，并填写完需要配置的参数，然后再将代码装修到店铺中即可。

↘ 8.3.5 "旺旺"链接代码

客服旺旺在店铺中是非常重要的，可以在网页中选择需要的旺旺样式，然后复制代码到相应位置即可。下面具体讲解"旺旺"链接的获取方法，其具体操作步骤如下。

01 打开浏览器，搜索"阿里旺旺遍天下"，在打开的页面中可以选择旺旺的动态图片风格，如图8-55所示。

02 在下方填写用户名和图片文字后，单击 [▶ 生成网页代码] 按钮将图标生成代码，如图8-56所示。

图 8-55   图 8-56

03 单击 复制代码 按钮复制代码，将其粘贴到需要应用的位置即可。

Tips

生成的代码href=""引号中的代码为旺旺的链接地址，scr=""引号中的代码为旺旺的图片地址。

8.3.6 店铺ID和宝贝ID的获取

店铺ID在代码装修中会经常用到，获取店铺ID可以通过进入店铺查看浏览器的地址栏来获取，浏览器地址中shop后的数字即为店铺ID，如图8-57所示。

图 8-57

每个商品都有属于自己的ID，在"卖家中心"页面中单击"出售中的宝贝"超级链接，将鼠标移动到宝贝的标题上，在浏览器左下方的状态栏中会显示商品的ID；直接打开宝贝的详情页，在浏览器地址栏中也会显示商品的ID，如图8-58所示。

图 8-58

行业技能展示

1. 使用记事本打开网页文件

使用Photoshop完成切片后，除了可以使用Dreamweaver对切片后的网页文件进行编辑外，还可以直接使用记事本来编辑代码。

选择网页文件后，单击鼠标右键，在弹出的快捷菜单中选择"打开方式/记事本"命令，使用记事本打开网页文件，复制里面<body>与</body>之间的内容，并在后台首页新建一个自定义内容区，选择标题不显示，源码模式，插入该段代码，选择标题显示后发现图片是空的，此时可以双击图片，打开"图片"对话框，在对话框中更改图片的地址和链接地址即可，如图8-59所示。

图 8-59

> **Tips**
>
> "图片"对话框中的图片链接需要复制图片空间中的链接地址，链接地址需要复制单击该图片时要打开的页面地址，并选中"在新窗口打开链接"复选框。

2. 全屏海报的代码

现在的淘宝店铺海报很多都是全屏海报，如何将海报设置为全屏呢？下面具体讲解设置方法。

打开记事本复制下面的代码并粘贴，也可将其直接粘贴到店铺装修的自定内容区。

```
<div style="height:600px;margin-top:0px;margin-bottom:0px;margin-left:0px;margin-right:0px;">
<div class="footer-more-trigger" style="left:50%;top:auto;border:none;padding:0;">
<div class="footer-more-trigger" style="left:-960px;top:auto;border:none;padding:0;">
<a href="链接地址" target="_blank" style="width:1920px;height:600px;display:block;"><img src="图片链接地址" style="border:none;" /></a>
```

</div>

</div>

</div>

将引号中的"链接地址"更改为单击图片时要链接的地址，将引号中的"图片链接地址"更改为图片空间中图片的地址，将style=""引号中的图片尺寸更改为海报的制作尺寸，完成后将代码复制到店铺装修的自定义内容区即可，如图8-60所示。

图 8-60

第9章
手机淘宝页面的设计

　　随着移动设备的发展，手机逐渐成为生活中不可或缺的电子产品，不少公司也逐渐开发出移动客户端供用户使用。据不完全统计，通过淘宝移动客户端进行网络购物的客户人数在淘宝总客户人数中占80%以上，远超淘宝PC客户端。因此，淘宝店铺不能只注重PC端界面的设计，更要把重点放在手机淘宝平台的视觉设计上。本章将为一家家居店铺制作淘宝手机客户端的相关页面，包括首页、详情页等。通过本章的学习，可以了解手机淘宝页面的制作方法。

9.1 手机端页面的特点

因受手机屏幕尺寸的限制，以及由于手机上网购物的界面要求，手机端的视觉设计和PC端的视觉设计有着很大的区别。

9.1.1 手机端和PC端的区别

在设计手机端的页面时，许多店家会直接将PC端的图片"现搬"到手机端来使用，但是因为手机尺寸的局限性，可能会出现尺寸不合、文字太小和体验感太差等问题。那么手机端和PC端有什么区别呢？

尺寸区别：手机屏幕的尺寸决定了图片的尺寸，若尺寸不合适则会造成界面混乱等问题。

布局区别：手机端需根据受众的需求，在布局上要做到更加简洁明了，要懂得舍弃不必要的装饰。

详情区别：PC端因为屏幕较大，可以通过较多的文字来说明产品功能、卖点等，但是手机端的详情页则需要使用较多的图片来展示商品，而文字则越简洁越好。

分类区别：手机端在宝贝分类上要结构明确，模块划分清晰。

颜色区别：许多PC端的页面在视觉上更能体现出效果，而手机端因为浏览面积小，反而不太适合运用一些视觉画面来体现，因此在颜色搭配上也要尽量简单。

9.1.2 手机端设计要点

与PC端相比，手机端更应该注重顾客体验。毕竟手机购物已成为淘宝购物的趋势。因此，手机端页面在版式设计上应该将顾客体验放在第一位，要符合顾客的购物习惯。

1. 首页

与PC端从左到右的浏览习惯不同，手机端的浏览习惯一般是从上到下的，因此，手机端在版式设计上可以使用各种大模块的组合，如焦点图、左文右图、多图等。

手机端的店铺首页包括顶端导航、底部自定义菜单和其他相关图片模块等。顶端导航新增"活动"和"买家秀"模块。因为手机端的屏幕尺寸有限，因此店铺名称不易过长，过长的名称在手机端会显示不完整，单击店名，可以进入店铺印象页面。在图片模块的排版设计上，可以是单列，也可以是双列。图9-1所示为淘宝手机端的店铺主页和店铺印象页面。

图9-1

2. 详情页

手机端的详情页是增加无线端宝贝和店铺的权重点之一。手机端的详情页可以完全拷贝PC端的详情页，但是可能会出现字体不整齐、图片重叠等情况。因此，若是从PC端直接生成手机端详情页，在制作时要检查清楚图片和文字有无错误；若需要重新制作手机端详情页，还应该注意以下几个方面的问题。

● 当文字说明太多时，可以舍弃图片，直接使用纯文本的形式。

● 图片的制作尽量控制在手机屏幕以内，这样可以集中浏览者的注意力。

● 尽量完善宝贝主图，通过主图将宝贝信息展现出来，更有利于提高买家的购买欲和下单率。

9.2 手机端全屏首页设计

手机端的首页设计同PC端的首页设计模块大体相同，包括店招、海报（焦点图）、优惠券、宝贝分类等，下面分别对各个模块进行设计制作。

↘ 9.2.1 店铺店招设计

案例名称	店铺店招设计
效果文件	效果/09/店招.psd
视频文件	扫右侧二维码

手机端的最新店招尺寸为750像素×580像素，大小在400KB左右，可以是活动公告，也可以是海报图片等。因店招作为背景虚化渐变显示，并不需要制作得特别精良。制作的店铺店招的最终效果如图9-2所示。

图9–2

下面通过Photoshop来制作手机端的店铺店招，其具体操作步骤如下。

01 新建一个尺寸为750像素×580像素、分辨率为72像素/英寸的空白文件。

02 将背景填充为粉色，如图9-3所示。

03 使用椭圆工具并按住【Shift】键拖动绘制圆形，然后使用路径选择工具选中圆形路径，按【Shift+Alt】组合键复制圆形路径，如图9-4所示。

图9–3

图9–4

04 框选所有圆形路径，在工具属性栏中单击“路径操作”按钮，在打开的菜单中选择“合并形状路径”选项。

05 在圆形路径上绘制一个矩形路径，选择两个形状图层后，单击鼠标右键，在弹出的快捷菜单中选择“合并形状”命令合并两个形状图层，如图9-5所示。

图9–5

06 在工具属性栏中设置填充颜色为比背景色稍微深一些的粉色，并调整其位置，如图9-6所示。

07 复制形状图层，将复制的图层放在原形状图层下方，在工具属性栏中设置颜色为白色，如图9-7所示。

图9–6

图9–7

08 输入文字，设置颜色和字体，然后选中文字图层，按【Ctrl+T】组合键进入变换状态，再按【Ctrl+Alt】组合键对其倾斜变形，如图9-8所示。

09 设置前景色为字体的红色，新建图层，使用画笔工具任意绘制装饰图像，效果如图9-9所示。

图9-8   图9-9

Tips

手机端的店招区域不太大，不宜放置太多的文字信息，因此，在店招上面可只制作一些简单的文字和图形，也可直接使用商品的图片。

9.2.2 焦点图设计

案例名称	焦点图设计
素材文件	素材/09/图1.jpg
效果文件	效果/09/店招.psd
视频文件	扫右侧二维码

手机端的焦点图即PC端的海报图或轮播图，二者的设计要点类似，但由于手机屏幕较小，制作焦点图时切忌使用暗沉的颜色。制作的焦点图的最终效果如图9-10所示。

Tips

智能版旺铺的手机端轮播图尺寸宽为750像素，高在200~950像素之间，一共可以设置4张轮播图片，且图片的尺寸要一致。手机端的其他图片尺寸宽度都为750像素。

图9-10

下面来制作家居店铺手机端首页的焦点图，其具体操作步骤如下。

01 新建一个尺寸为750像素×550像素、分辨率为72像素/英寸的空白文件。

02 将素材文件"图1.jpg"拖到图像文件中，并缩放到合适大小，如图9-11所示。

03 在左侧使用直排文字工具 T 输入文字，设置字体及其大小，效果如图9-12所示。

图9-11

图9-12

04 在文字上方绘制圆形选区，新建图层，选择"编辑/描边"命令，打开"描边"对话框，设置1像素黑色的描边，如图9-13所示。

05 在圆形里面输入文字，设置字体，然后调整文字的大小和圆形的大小，效果如图9-14所示。

图9-13

图9-14

06 选择圆形图层，使用橡皮擦工具擦除一些空隙，如图9-15所示。

07 在左下方输入文字的英文翻译，字号可以设置得小一些，让其起到装饰作用，完成后保存所有操作即可，效果如图9-16所示。

图9-15

图9-16

↘9.2.3 优惠券设计

案例名称	优惠券设计
效果文件	效果/09/店招.psd
视频文件	扫右侧二维码

　　手机端的优惠券模块较小，若使用太复杂的图像反而会喧宾夺主，所以可以使用简洁的图形和文字来制作。制作的优惠券的最终效果如图9-17所示。

图9-17

　　下面来制作家居店铺手机端的优惠券，其具体操作步骤如下。

01 新建一个尺寸为750像素×335像素、分辨率为72像素/英寸的空白文件。

图9-18　　图9-19

02 使用矩形工具██绘制人民币符号图形，如图9-18所示。

03 将形状图层全部选中，单击鼠标右键，选择"合并形状"命令，合并形状图层，并缩放到合适大小。

04 输入数字和文字，分别设置字体和大小，将所有内容居中对齐，如图9-19所示。

05 选择图形和文字所在的图层，按【Ctrl+G】组合键建立一个图层组，在工具属性栏中设置自动选择组，然后按【Alt】键不放复制图层组，分别更改组中的文字内容，得到如图9-20所示的效果。

图9-20

06 使用直线工具绘制斜线，设置描边颜色为红色，复制多个直线图层并拖动调整到合适位置，如图9-21所示。

07 在价格上方输入优惠券标题，设置字体和颜色，效果如图9-22所示。

图9-21

图9-22

08 使用直线工具绘制直线，然后按住【Alt】键不放使用路径选择工具复制直线到合适位置，如图9-23所示。

图9-23

9.2.4 宝贝分类图设计

案例名称	宝贝分类图设计
素材文件	素材/09/图2.jpg、图3.jpg、图4.jpg
效果文件	效果/09/分类图.psd
视频文件	扫右侧二维码

手机端的宝贝分类图要简单明了，便于用户查看选择，且要注意文字不宜过小。制作的宝贝分类图的最终效果如图9-24所示。

图9-24

下面来制作家居店铺手机端的宝贝分类图，其具体操作步骤如下。

01 新建一个尺寸为750像素×350像素、分辨率为72像素/英寸的空白文件。

02 使用矩形工具绘制一个矩形，并在工具属性栏中设置无填充颜色、描边为1像素的黑色，如图9-25所示。

03 使用钢笔工具在矩形上方的边上添加4个锚点，然后按【Ctrl】键切换到直接选择工具框选中间的两个锚点，按【Delete】键删除，如图9-26所示。

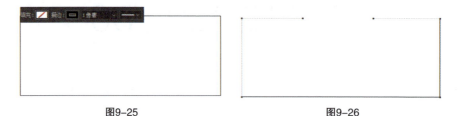

图9-25   图9-26

04 在矩形中间输入文字，字体设置与优惠券的字体设置相同，如图9-27所示。

05 将素材文件"图2.jpg"拖到图像文件中，调整大小后在右侧绘制一个高度相同的灰色矩形，如图9-28所示。

图9-27   图9-28

06 在灰色矩形上输入竖排文字，并设置字体和颜色。栅格化图片图层，框选图片左侧的部分区域，按【Delete】键删除，取消选区后如图9-29所示。

07 将图片、文字和矩形图层选中后按【Ctrl+G】组合键建立一个图层组，然后复制组到相应位置。

08 将素材文件"图3.jpg"和"图4.jpg"分别拖到图像文件中，同样栅格化图层，选择原图片图层并将其载入选区，再选择拖入的图片图层，反选选区后按【Delete】键删除超出图片区域的部分，分别更改文字内容，制作的效果如图9-30所示。

图9-29   图9-30

Tips

不同的店铺其宝贝分类区也不一样，但都应该使用简单的文字和图形来表达。

9.2.5 宝贝展示区设计

案例名称	宝贝展示区设计
素材文件	素材/09/宝贝图
效果文件	效果/09/宝贝展示区.psd
视频文件	扫右侧二维码

手机端的宝贝展示区可以自定义图片，也可以直接使用装修店铺的自带模块来更换宝贝图。最终效果如图9-31所示。

下面来制作家居店铺手机端的宝贝展示区，其具体操作步骤如下。

01 新建一个尺寸为750像素×1200像素、分辨率为72像素/英寸的空白文件。

02 在画布上方输入标题文字，设置字体和颜色，然后与画布居中对齐，如图9-32所示。

03 绘制矩形来确定图片的摆放位置，如图9-33所示。

04 将素材"宝贝图"文件夹中的图片"1.jpg"拖到图像文件中，将图层放置在相关矩形上方，按【Ctrl+Alt+G】组合键创建剪贴蒙版，如图9-34所示。

图9-31

图9-32   图9-33   图9-34

05 使用相同的方法将素材文件夹中的其他图片拖到图像文件中，分别放置在不同矩形图层的上方，并按【Ctrl+Alt+G】组合键创建剪贴蒙版，如图9-35所示。

06 在第一张图片旁边输入相关的说明文字，文字可以是商品名称、价格、销量等，设置字体、大小和颜色，然后添加一些装饰图形，如图9-36所示。

图9-35

图9-36

07 在第二张图片上绘制一个白色的矩形，设置图层不透明度为40%，再复制一个矩形图层，并缩放矩形，然后在矩形上方输入文字，如图9-37所示。

08 使用同样的方法在第三张图片旁边绘制装饰图形和输入文字，效果如图9-38所示。

图9-37

图9-38

9.3 手机端的宝贝详情页设计

手机端的详情页内容与PC端相同，但因为手机屏幕较小，制作手机端的详情页时，一般采用单列的图文混排。为了节省时间，可以从PC端的详情页生成手机详情页。

↘ 9.3.1 导入PC端详情页

在装修PC端宝贝详情页时，可在装修页面后直接生成手机的宝贝详情页，其具体操作步骤如下。

01 在PC端进入"卖家中心/店铺装修"页面，单击上方的"详情装修"选项卡，如图9-39所示。

图9-39

02 在打开的页面中单击 + 发布宝贝 按钮，在打开的页面中将带有"*"符号的内容填写完整，在填写宝贝描述时，单击 生成手机版宝贝详情 按钮，如图9-40所示。

03 在打开的对话框中单击 确认生成 按钮，即可将PC端制作好的详情页自动生成手机端详情页，如图9-41所示。

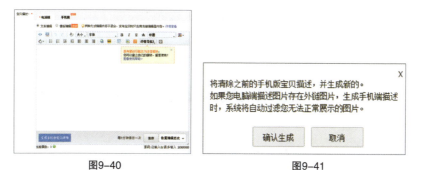

图9-40   图9-41

↘ 9.3.2 从模版生成

在装修详情页时，还可以使用自带的模块自动生成手机端的详情页，只需要将图片整理为一个文件夹上传即可，其具体操作步骤如下。

01 在"详情装修"页面中选择要装修的宝贝栏，然后单击 智能生成 按钮，如图9-42所示。

图9-42

02 在打开的对话框中选择一种模版，然后单击 下一步 按钮，如图9-43所示。

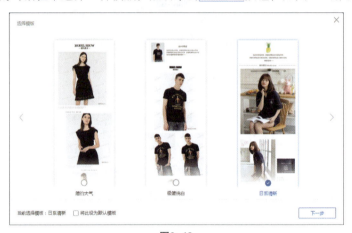

图9-43

03 在打开的页面中单击 上传图片包 按钮，在最右侧单击不同的图标按钮，可以在手机端预览详情页页面，如图9-44所示。

图9-44

04 上传图片后会自动对图片进行排列，完成后回到页面上往下拖动，更改模版的文字标题，单击 生成详情 ∧ 按钮，在打开的菜单中选择生成手机端的详情页，如图9-45所示。

图9-45

05 在打开的页面中单击相应的按钮可以发布详情页，若预览中发现问题，还可以返回到编辑器中修改和微调，如图9-46所示。

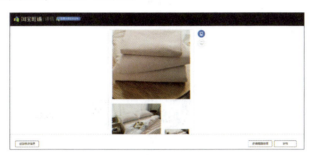

图9-46

9.4　手机端的个性化装修

　　店铺的手机端装修较为简单，只需进入装修页面根据需要添加或删除模块，然后为需要的图片添加热点即可。

↘ 9.4.1　手机端店招装修

案例名称	手机端店招装修	
视频文件	扫右侧二维码	

　　前面已经制作过手机端店招的背景图片，下面对手机端的店招模块进行装修，其具体操作步骤如下。

01 打开前面制作的"店招.psd"文件，将其导出为JPG或PNG格式的文件。

02 进入店铺装修页面，将鼠标移动到手机端店铺首页列表上，单击出现的 装修页面 按钮，如图9-47所示。

图9-47

03 在打开的页面上单击选中手机的店招模块，在右侧的"设置"面板中选中"自定义上传"单选项，单击 替换图片 按钮，如图9-48所示。

图9-48

04 在打开的对话框中单击 上传图片 按钮，根据提示上传导出的店招图片，完成后选择上传的图片并单击 确认 按钮，如图9-49所示。

图9-49

05 在打开的对话框中调整图片裁剪区域，单击 保存 按钮，如图9-50所示。

图9-50

06 回到"设置"面板，单击"店铺名称"栏对应的"修改"超级链接，在打开的网页中设置店铺名称、店铺标志、店铺地址和店铺说明等，完成后单击页面下方的 保存 按钮，如图9-51所示。

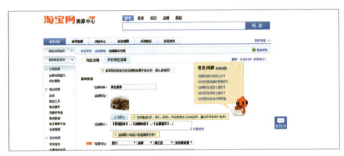

图9-51

Tips

完成信息的填写后，要选中按钮上方的声明复选框，若店铺名称已被使用或输入的信息有误，将不会保存成功。

07 回到"设置"面板，单击 保存 按钮即可完成店招的装修。

9.4.2 手机端焦点图装修

案例名称	手机端焦点图装修	
视频文件	扫右侧二维码	

手机端的模块可以根据需要选择，下面在手机端的第一屏显示海报图，其具体操作步骤如下。

01 打开前面制作的"焦点图.psd"文件，将其导出为JPG或PNG格式的文件。然后在浏览器页面左侧的装修模块中将"图文类"栏下的"轮播图模块"选项拖动到手机页面中，如图9-52所示。

02 释放鼠标即可添加轮播图模块，选中该模块，在打开的"设置"面板中将鼠标移动到"+"图标上，然后单击 本地上传 按钮，如图9-53所示。

图9-52

图9-53

03 在打开的对话框中使用相同的方法将图片上传至图片空间，选择焦点图后单击 确认 按钮，再在打开的对话框中调整图片裁剪区域，单击 保存 按钮，如图9-54所示。

04 回到"设置"面板，单击 保存 按钮即可完成焦点图的装修，效果如图9-55所示。

图9-54

图9-55

Tips

若要添加多张焦点图，可以将制作的焦点图上传至图片空间，在装修的"设置"面板中单击"添加"按钮，使用相同的方法可上传4张焦点图进行轮播。

↘9.4.3 手机端优惠券和分类图装修

　　手机端优惠券和分类图的装修方法同前面介绍的焦点图装修方法相似，只需要选择合适的模块即可。下面对手机端的优惠券和分类图进行装修，其具体操作步骤如下。

01 打开前面制作的"优惠券.psd"和"宝贝分类区.psd"文件，将其导出为JPG或PNG格式的文件。

02 在浏览器页面左侧的装修模块中将"图文类"栏下的"美颜切图"选项拖动到手机页面中，选中该模块，打开"设置"面板，将鼠标移动到"添加图片"区域，单击 本地上传 按钮，如图9-56所示。

03 在打开的对话框中上传优惠券和分类图的图片，然后选中优惠券，裁剪图片后返回到"设置"面板中，单击 保存 按钮，如图9-57所示。

图9-56

图9-57

Tips

　　优惠券设置后需要为其添加热点，创建热点之前需要对优惠券进行设置。单击"卖家中心"页面的"营销中心"栏下的"店铺营销工具"超级链接，在打开的页面中找到"优惠券"超级链接，在打开的网页中可查看优惠券的操作方法。

04 在"优惠券"模块下方拖入"美颜切图"模块，添加宝贝分类区的图片，然后在"设置"面板中单击"添加热点"按钮，如图9-58所示。

05 打开"热点编辑器"对话框，使用鼠标绘制矩形添加热点，然后单击 🔗 图标，如图9-59所示。

06 打开"链接小工具"对话框，选择需要链接的位置（这里先任意选择链接，后期上传宝贝后可以更改），单击 确定 按钮，如图9-60所示。

图9-58

图9-59

图9-60

07 返回"热点编辑器"对话框，使用相同的方法为其他区域添加热点，完成后单击右上角的"完成"按钮，回到"设置"面板中单击 保存 按钮即可完成所有操作，如图9-61所示。

图9-61

9.4.4　手机端宝贝展示区装修

案例名称	手机端宝贝展示区装修
视频文件	扫右侧二维码

　　手机端优惠券和分类图的装修方法同前面介绍的焦点图装修方法相似，只需要选择合适的模块即可。下面对手机端的优惠券和分类图进行装修，其具体操作步骤如下。

01 打开前面制作的"宝贝展示区.psd"文件，将其导出为JPG或PNG格式的文件。

02 在浏览器页面左侧的装修模块中将"图文类"栏下的"美颜切图"选项拖动到手机界面中，使用前面相同的方法为图片添加热点链接，如图9-62所示。

03 完成后的手机端淘宝首页的预览效果如图9-63所示。单击页面右上角的"发布"按钮，在打开的下拉菜单中选择发布时间，做好发布制作的首页即可。

图9-62

Tips

　　除了本章介绍的模块外，用户还可以根据需要在手机端首页添加其他模块，其方法都类似，根据页面提示进行操作即可。

图9-63

行业技能展示

1. 在手机页面中添加宝贝视频

　　在手机端的页面中添加视频的方法与本章所讲解的首页装修方法相同，在装修页面中将左侧"图文类"栏下的"视频模块"拖动到手机界面中即可，在打开的"设置"面板中可以看到所要求的视频画面尺寸和长度等，单击"添加视频"超链接，上传视频后保存并发布即可，如图9-64所示。

图9-64

2. 设置分类菜单

在"卖家中心"页面中将鼠标移动到"店铺管理"上，在展开的菜单中选择"宝贝分类管理"选项，然后在打开的页面中单击相应的按钮添加宝贝分类即可，如图9-65所示。

图9-65

完成后单击右上角的"保存更改"按钮保存分类，保存后从手机进入店铺，单击页面中的"宝贝分类"按钮，在打开的页面中即可看到刚才设置的分类，如图9-66所示。

图9-66

Tips

若要对分类页面进行装修，可以在打开的"页面管理"页面中选择"分类页"选项卡，单击 装修页面 按钮，根据提示进行操作即可，如图9-67所示。

图9-67

第10章

淘宝促销常用推广图设计

推广图是顾客进入店铺之前的第一道关口，其主要目的在于吸引顾客，引导顾客进入店铺。一张优秀的推广图是非常重要的，它可以提高商品的销售量。目前网店的推广图主要有商品主图、直通车图、钻石展位图、聚划算图等。本章将具体介绍如何设计出能引起顾客兴趣的推广图，通过学习，可以了解网店不同推广图的制作方法。

10.1 制作卖点突出的直通车推广图

直通车推广是淘宝常见的推广方式，是为网店卖家量身定制的，按点击付费的一种营销工具，它能实现宝贝的精准推广。淘宝直通车推广的模式是通过某一个广告的点击，让买家进入店铺，产生一次甚至多次的店铺内跳转流量，这种以点带面的关联效应降低了整体推广的成本，同时又提高了整店的关联营销效率。

10.1.1 直通车的规则要求

淘宝直通车是由阿里巴巴集团下的雅虎中国和淘宝网进行资源整合而推出的一种全新的搜索竞价模式，下面对淘宝直通车的规则要求进行介绍。

1. 投放位置

直通车推广出价的高低在一定程度上决定了直通车图片的展示位置，在淘宝网搜索宝贝后，在打开的页面中可以看到直通车推广图的位置一般位于页面的右侧和最下方，如图10-1所示（图中显示为"掌柜热卖"）。

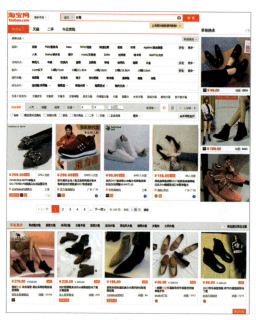

图 10-1

2. 直通车图片尺寸的要求和特点

直通车图片的形状为正方形，尺寸大小建议为800像素×800像素，但也没有强制要求；另外一种店铺推广图尺寸为210像素×315像素，主要用于全店及分类推广。直通车主图可以直接使用宝贝的主图。

直通车主图可以根据需要经常更换，因此，可以设计多张不同风格的商品图，先小范围投放测试点击率，在直通车报表中筛选出表现最好的图片来优化直通车推广图。下面介绍制作直通车图片需要注意的几个方面。

- 文字不要太多，突出重点就好，最好是点睛的一句话。
- 主题明确，陪衬物品不能掩盖商品主体，让商品主体在整个图片区域中最大化。
- 直通车图不能放商品细节图片，且不要添加夸张的水印。
- 做直通车前可以按关键词先搜索一下，看别人的直通车图片配色技巧，参照色调主色来选择自己的创意图片。
- 上传的直通车图片要小于500KB。

行业规范

直通车图的主图会随时更换，它和点击率有关，点击率越高，淘宝的排名就更好。而淘宝对于直通车的商品主图也有一定的要求。

标识要放在图片左上方。

图片不得拼接，除特殊情况外，如情侣装、亲子装等，图片中不能有多个主体。

图片不得出现任何形式的边框。

图片不得包含促销文字等说明，如秒杀、限时折扣等。

图片不得出现水印，如店铺水印、标识水印等。

图片不得留白。

图片必须是实物图。

↘ 10.1.2 制作流程

案例名称	制作卖点突出的直通车推广图
素材文件	素材/10/玩具.jpg
效果文件	效果/10/直通车.psd
视频文件	扫右侧二维码

直通车是为了推广而存在的，因此，直通车中商品的卖点特性是必不可少的，在添加这些文字信息时，还要注意图片的整体效果。下面制作一个商品的直通车图片，最终效果如图10-2所示。

制作玩具直通车图的具体操作步骤如下。

01 使用Photoshop打开素材文件"玩具.jpg"，使用钢笔工具抠出玩具图像，并生成新图层，如图10-3所示。

图 10-2

02 框选玩具上反光的区域，按【Shift+F5】组合键使用内容识别功能填充框选的选区，也可以使用仿制图章工具对反光的位置进行修补，如图10-4所示。

图 10-3　　　　　　　　　　　　　　　　　图 10-4

图 10-5

03 创建"自然饱和度"调整图层，调整图像的饱和度，然后合并可见图层，如图10-5所示，最后将其保存为PNG格式文件。

04 新建一个尺寸为800像素×800像素、分辨率为72像素/英寸的空白文件。

05 选择工具箱中的渐变工具 ，单击工具属性栏中的"点按可编辑渐变"下拉列表框，打开"渐变编辑器"对话框，将渐变颜色设置为白色到水蓝，如图10-6所示。

06 单击 确定 按钮，再单击工具属性栏中的"径向渐变"按钮 ，在画布中间单击并向外拖动填充渐变色背景，如图10-7所示。

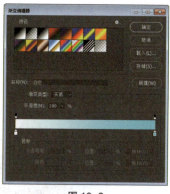 

图 10-6　　　　　　　　　　　　　　　　图 10-7

07 将抠出的玩具图像拖动到背景图像文件中，缩放大小到合适位置，如图10-8所示。

08 按【Ctrl+J】组合键复制两个玩具图层，并放置在原玩具图层下方，分别调整复制的玩具的位置和角度，使其效果如图10-9所示。

09 选择任一复制的玩具图层，然后选择"滤镜/模糊/动感模糊"命令，在打开的对话框中设置动感模糊的距离，如图10-10所示。

图10-8　　　　　　　　　　图10-9　　　　　　　　　　图10-10

10 单击 确定 按钮，将动感图层的不透明度设置为30%，如图10-11所示。

11 若是动感模糊的效果不明显，可按【Ctrl+Alt+F】组合键多应用几次模糊，如图10-12所示。

图10-11　　　　　　　　　　　　　　　　图10-12

12 使用相同的方法对另外一侧的玩具图像制作模糊和透明度效果，如图10-13所示。

13 在背景图层上方新建图层，使用椭圆选框工具绘制一个椭圆，将羽化值设置得稍微大一些，然后使用黑色填充选区制作阴影，如图10-14所示。

14 取消选区，按【Ctrl+T】组合键调整阴影的大小和位置，然后调整该图层的不透明度到合适值，如图10-15所示。

图10-13　　　　　　　　　图10-14　　　　　　　　　图10-15

15 使用矩形工具绘制一个红色的矩形，再使用钢笔工具在中间添加锚点，然后按【Ctrl】键切换到直接选择工具调整锚点，如图10-16所示。

16 复制该形状图层，将其放置在红色图形下方，调整填充颜色为黄色，并使用直接选择工具调整锚点，如图10-17所示。

17 输入文字，设置字体和颜色，如图10-18所示。

图 10-16　　　　　　　　　图 10-17　　　　　　　　　图 10-18

18 在右侧绘制两个圆形形状，下面的圆形为白色，上面圆形为红色，调整大小后的效果如图10-19所示。

19 在圆形上输入文字，设置字体和颜色，如图10-20所示。

20 使用直线工具在文字之间绘制直线，并在工具属性栏中设置直线为虚线，颜色为白色，最终效果如图10-21所示。

图 10-19　　　　　　　　　图 10-20　　　　　　　　　图 10-21

Tips

若商品有品牌标识，可以将其放置在主图左上角上。

10.2 制作具有创意的钻石展位图

钻石展位图是很多商家都会使用的一种比较精准的推广方式，其展现位置分站内和站外，如淘宝、天猫首页、淘宝无线端App，以及淘宝站外等（如新浪微博、腾讯、优酷等），不同的展现位置，其图片尺寸也会不同。

10.2.1　钻石展位图设计要点

在制作钻石展位图之前，可以先进入"卖家中心"页面，在"营销中心"栏中选择"我要推广"选项，在打开的页面中选择"钻石展位"选项，可查看钻石展位的相关要求，如图10-22所示。

图 10-22

1.　投放位置

钻石展位（简称钻展）是淘宝的一种付费推广方式，每千次展现扣除一定的费用，这种推广方式通常用于品牌宣传和商品营销。如图10-23所示，左图中左上角的大图和右下角的小图分别为淘宝首页上的焦点图钻展和banne钻展，右图手机端淘宝首页最上方的横图也为钻展图。

图 10-23

2. 淘宝首页钻展图要求

淘宝钻展位推广，吸引买家的是图片，因此，钻展推广对图片的要求是很高的，下面对淘宝中钻石展位的图片要求进行介绍。

- 由于淘宝网首页不允许出现Flash广告，所以只能使用JPG格式或者GIF格式的图片。
- 所有广告投放的素材必须清晰，不然不但影响视觉效果，还会降低点击率。
- 广告素材要求无边框，由于动态效果的图片会影响页面打开的速度及顾客体验，因此在素材方面建议做成静态图。
- 图片严禁出现鼠标的手型、箭头等形状。
- 图片严禁出现假分页、翻页，严禁出现视频模式。
- 不能出现杂志、媒体、明星推荐、OS认证等字样。
- 图片严禁出现拼接形式，不得出现白色竖条。
- 创意中不能出现月销千件、全网最低、淘宝店铺销量第一、销售冠军、热荐、顶级等类似以淘宝名义进行宣传或虚假描述误导顾客的字眼。
- 淘宝网PC端首页焦点图尺寸为520像素×280像素；手机端首页焦点图尺寸为640像素×200像素；淘宝首页焦点右侧小图尺寸为160像素×200像素。

↘ 10.2.2 制作流程

案例名称	制作具有创意的钻石展位图
素材文件	素材/10/模特.png
效果文件	效果/10/钻展图.psd
视频文件	扫右侧二维码

图 10-24

钻石展位的图片创意决定了点击率，通常钻石展位的点击率在8%以上的都算是不错的创意。一个好的创意除了图片素材外，还应该有好的文案和好的设计。制作的钻石展位图的最终效果如图10-24所示。

下面来制作淘宝首页钻石展位图，其具体操作步骤如下。

01 新建一个尺寸为520像素×280像素、分辨率为72像素/英寸的空白文件，将背景图层填充为橙黄色，如图10-25所示。

02 新建一个尺寸为5像素×5像素的空白文件，使用椭圆工具在中心绘制白色的圆形，然后删除背景图层，选择"编辑/定义图案"命令，在打开的对话框中将其定义为图案，如图10-26所示。

图 10-25

图 10-26

03 单击 确定 按钮后回到之前的图像文件中，新建图层1，按【Shift+F5】组合键，打开"填充"对话框，使用刚刚定义的图案填充图层，如图10-27所示。

图 10-27

04 将图层1的不透明度更改为30%，如图10-28所示。

图 10-28

05 新建图层2，使用钢笔工具绘制任意路径形状，按【Ctrl+Enter】组合键后将其填充为白色，同样将图层的不透明度设置为30%，如图10-29所示。

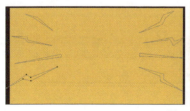

图 10-29

06 使用椭圆工具绘制一个淡黄色的圆形，复制两个椭圆形图层，按【Ctrl+T】组合键进入变换状态，然后按【Shift+Alt】组合键分别对复制的形状进行缩放，更改圆形的颜色并调整形状在图像中的位置，如图10-30所示。

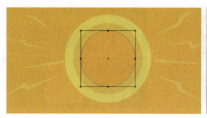

图 10-30

07 将绘制的圆形与背景图层进行居中对齐，按【Ctrl+R】组合键显示标尺，并拉出参考线，使用椭圆工具 ◯ 在最外面的圆环上绘制圆形，移动到垂直参考线上后按

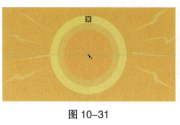

图 10-31

图 10-32

【Ctrl+T】组合键进入变换状态，按住【Alt】键的同时将中心点移到大圆形的中心位置，如图10-31所示。

08 将鼠标移动到变换框的右上角上，当其指针变为 ↰ 形状时，按【Shift+Alt】组合键将圆形旋转30°，如图10-32所示。

09 按【Enter】键确认操作后，按【Shift+Ctrl+Alt+T】组合键复制圆形，得到如图10-33所示的效果。

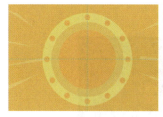

图 10-33

图 10-34

10 使用相同的方法在内部圆环上绘制圆形（旋转角度为60°），如图10-34所示。

11 选择所有的圆形图层，按【Ctrl+G】组合键建立一个图层组。

12 新建图层，并隐藏参考线，使用钢笔工具绘制路径，完成后将路径载入选区，填充为淡蓝色，设置1像素的黑色描边，如图10-35所示。

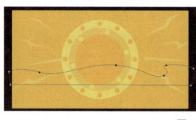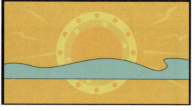

图 10-35

13 新建图层，继续使用钢笔工具 ◇ 沿前面的形状边缘绘制稍微错开的路径，完成后将路径载入选区，填充颜色为比刚刚的蓝色更深一些的蓝色，如图10-36所示。

14 新建图层，使用相同的方法继续绘制稍微错开的路径，并填充不同的颜色，制作层次分明的波浪图形，如图10-37所示。

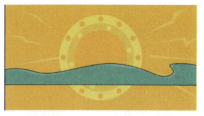
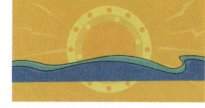

图 10-36　　　　　　　　　　　　　　图 10-37

15　将素材文件"模特.png"拖动到图像文件中，调整人物的大小和位置，如图10-38所示。

16　新建图层，使用钢笔工具 🖊 再次绘制波浪形状，并填充不同的颜色和描边，最后将相关图像整体下移一些，如图10-39所示。

图 10-38　　　　　　　　　　　　　　图 10-39

17　选择工具箱中的多边形工具 ⬡ ，在工具属性栏中进行相应设置，在图像中绘制星型形状，并设置相应填充色和描边，如图10-40所示。

图 10-40

18　选择工具箱中的画笔工具 🖌 ，在工具属性栏中设置笔尖形状和笔尖大小，设置前景色为黑色，使用钢笔工具 🖊 绘制一条路径，新建图层，在"路径"面板中选择路径并单击鼠标右键，在弹出的快捷菜单中选择"描边路径"命令，如图10-41所示。

图 10-41

19　打开"描边路径"对话框，在"工具"下拉列表中选择"画笔"选项，如图10-42所示。

20　单击 确定 按钮后的描边效果如图10-43所示。

[21] 新建图层，使用相同的方法继续绘制路径，并对其进行描边，如图10-44所示。

[22] 选择星形图层，复制该图层，按【Shift+Alt】组合键缩放形状，在工具属性栏中更改填充颜色为白色，无描边，效果如图10-45所示。

图 10-42　　　　　　图 10-43　　　　　　图 10-44　　　　　　图 10-45

[23] 选择与星形相关的所有图层，按【Ctrl+G】组合键建立图层组，复制图层组，更改组中星形的颜色和角度，如图10-46所示。

[24] 使用椭圆工具绘制多个圆形，分别设置不同的颜色和描边，可以将部分圆形放置在波浪图像的图层下方，增加层次感，如图10-47所示。

图 10-46　　　　　　　　　　　　图 10-47

[25] 选择工具箱中的圆角矩形工具，在工具属性栏中设置半径为20像素，填充颜色为黄色，描边颜色为黑色，在图像中绘制圆角矩形，如图10-48所示。

[26] 在圆角矩形上输入文字，设置字体和颜色，完成后在圆角矩形4个角上绘制黑色的圆形，如图10-49所示。

图 10-48　　　　　　　　　　　　图 10-49

[27] 使用椭圆工具绘制圆形，设置描边为1像素的黑色，无填充颜色，使用多边形工具绘制三角形，设置填充颜色为黑色，无描边，如图10-50所示。

[28] 在模特图层下方输入文字，设置字体后将文字图层转换为形状图层，如图10-51所示。

图 10-50　　　　　　　　　　　　　　　图 10-51

29 将形状文字颜色设置为红色，在文字形状图层下方新建图层，按【Ctrl】键不放单击文字形状图层，将文字载入选区，选择"选择/修改/扩展/"命令，将选区向外扩展3像素，

并填充为黑色，如图10-52所示。

30 使用直线工具绘制一条黑色的斜线，按【Ctrl+Alt+T】组合键进入变换状态，然后将其移动一定的距离，如图10-53所示。

图 10-52　　　　　　　　　　图 10-53

31 按【Enter】键确认操作后，按【Shift+Ctrl+Alt+T】组合键复制多条斜线，使用路径选择工具选取形状路径，将其移动到红色文字形状图层上，并调整角度，如图10-54所示。

32 选择斜线图层，将其移到红色文字形状图层上方，并按【Ctrl+Alt+G】组合键创建剪贴蒙版，如图10-55所示。

图 10-54　　　　　　　　　　图 10-55

33 复制文字形状图层，将其颜色更改为浅一些的红色，使用同样的方法将其载入选区并扩展1像素，设置黑色填充色，然后将这两个图层往左侧移动一定的距离，如图10-56所示。

图 10-56　　　　　　　　　　图 10-57

34 选择斜线图层，按【Ctrl+T】组合键将其缩小，如图10-57所示。

35 使用钢笔工具在文字上绘制高光区域，新建一个图层并将其填充为白色，如图10-58所示。

36 将制作的文字图层建立为一个图层组，然后使用相同的方法在所有图层最上方制作同样的文字效果，如图10-59所示。

图 10-58

图 10-59

37 同样将文字图层建组，调整图像中的素材元素并保存所有操作，最终效果如图10-60所示。

> **Tips**
> 大多数的钻展图在图文版式上都遵循左图右文或右文左图的规则，但在创意上还是应该根据情况体现。如果有好看的摄影图，也可以直接使用图片作为背景，然后加上相关的文案信息即可。

图 10-60

10.3 制作主体突出的聚划算图

淘宝聚划算是由淘宝网官方平台开发、发起和组织的一种线上团购活动形式。店铺报名聚划算活动是有一定的条件约束的，不仅如此，官方对活动图片也有一定的要求。

10.3.1 如何报名聚划算

进入淘宝网首页，单击"聚划算"超链接，在打开的页面中单击右上角的"商户中心"超链接，进入聚划算的商家页面，单击"我要报名"按钮，然后根据网页提示报名即可，如图10-61所示。

图 10-61

图 10-61（续）

10.3.2 聚划算量贩团单品主图规范

为了让商品能更好地展示给消费者，同时降低各位商家的制图成本，淘宝官方拟定了聚划算活动关于标题及图片的规则。在后台可以下载相关的图片模版，然后根据模版制作即可，这里介绍一些基本的图片要求。

● 商品图片（包括PC主图／附图、无线主图）应该与标签、商品特点及营销利益点分离，也就是说商家上传的商品图片中不得出现任何形式的自制标签以及商品特点、营销利益点等文字信息，如商家有填写需要，必须在聚划算商品发布后台完成填写。

● 标识统一放置在画面左上角，不得添加底色。

● 量贩团单品坑位主图尺寸为1280像素×1280像素。

● 商品图的设计区域为900像素×1100像素（绿色区域），不得过小，也不得超出限定的区域（阴影除外），如图10-62所示。

图 10-62

● 所有图片必须是白底。

● 规格少于5件，可以全部展示，超出5件只能展示5件。

● 除标识可放左上方的固定位置（见模版）外，不得在主图上添加任何文案。

● 所有商品整齐排放在同一水平面上，所有商品要做投影（提升品质感），投影采用镜像透明化处理。图10-63所示为错误的聚划算主图实例。

图 10-63

图 10-63（续）

Tips

　　参团商品所属频道不同，其图片尺寸和相关要求也会不同。进入聚划算页面，在页面最下方单击"帮助中心"超链接，在打开的页面中可根据需要查看相关商品的规则和要求，如图10-64所示。

图 10-64

行业规范

　　建议图片背景只选择真实拍摄的实景或者单色背景中的一种（包括同一色调的渐变），不建议使用多色或者多个实拍背景，不建议出现水印；商品图片需要展示多个主体（模特、商品）时，建议保持同类主体（模特、商品）之间比例一致且背景统一，不建议多色商品展示与色卡展示同时使用；建议不要使用画中画。

↘ 10.3.3 制作流程

案例名称	制作主体突出的聚划算图
素材文件	素材/10/量贩团-单品坑位主图模版.psd、商品图.jpg
效果文件	效果/10/聚划算主图.png
视频文件	扫右侧二维码

图 10-65

　　聚划算的主图制作非常简单，一般来说采用白色或浅色的底图，最大限度地突出商品主体，且不添加任何营销卖点文字即可。最终效果如图10-65所示。

　　下面根据模版来制作聚划算的主图，其具体操作步骤如下。

01 打开"量贩团-单品坑位主图模版.psd"素材文件，如图10-66所示。

02 打开"商品图.jpg"素材文件，因为图片本身就带有阴影，且底纹为白色，因此，只需将其缩放至合适大小，使商品主体显示在绿色阴影中即可，如图10-67所示。

03 若是有品牌标识，可以将标识放置在图片中的左上角，若没有便直接隐藏多余的图层，将图片存储为PNG格式即可，如图10-68所示。

图10-66　　　　　　　　　图10-67　　　　　　　　　图10-68

10.4 制作"双十一"活动海报图

"双十一"购物狂欢节是指每年11月11日的网络促销日，"双十一"已成为中国电子商务行业的年度盛事，并且逐渐影响到国际电子商务行业。对于网店商家来说，"双十一"的促销活动是非常值得重视的。

10.4.1 报名淘宝"双十一"活动

每一年的"双十一"活动，淘宝官方都会制作活动标识和海报，商家可以在自己制作的"双十一"活动广告中加入官方元素进行营销宣传。若网店商家想要报名参加官方规划的"双十一"折扣活动，可进入卖家中心，在"营销中心"栏中单击"活动报名"超链接，在打开的页面中查看具体的活动及规则，如图10-69所示。

图10-69

Tips

"双十一"的活动图既可以放在店铺首页作为海报，也可以放在店铺宝贝详情页作为焦点图。"双十一"活动图的设计和其他节假日活动图设计一样，在制作时突出主题内容即可。

↘ 10.4.2 制作流程

案例名称	制作"双十一"活动海报图	
素材文件	素材/10/背景.png、背景1.png、双十一标识.psd	
效果文件	效果/10/双十一活动图.psd	
视频文件	扫右侧二维码	

图 10-70

下面为护肤品店铺制作"双十一"的活动海报，其具体操作步骤如下。

在制作活动图之前，可以多浏览设计网站，也可以查看其他年度的"双十一"活动设计图，确认自己的设计主题后再去下载相关的素材。制作的"双十一"活动海报图的最终效果如图10-70所示。

01 新建一个尺寸为1920像素×700像素、分辨率为72像素/英寸的空白文件。

02 将素材文件"背景.png"和"背景1.png"拖动到图像文件中，调整图像大小和位置，如图10-71所示。

图 10-71

03 将"背景"图层的混合模式设置为滤色，为其添加图层蒙版，然后放大图像到满屏，使用画笔工具擦除多余的图像（可在工具属性栏中设置画笔的笔尖大小、不透明度和流量），如图10-72所示。

04 新建图层，设置前景色为深蓝色，然后使用画笔工具在图像四周进行涂抹，将该图层混合模式设置为正片叠底，为其添加图层蒙版，使用黑色的画笔在不需要颜色的位置进行涂抹，如图10-73所示。

05 使用椭圆工具绘制一个圆形，双击该形状图层，为其添加渐变叠加、外发光、内发光及描边等多种图层样式，如图10-74所示。

图 10-72

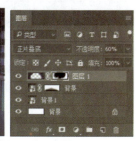

图 10-73

图 10-74

06 单击 确定 按钮后的效果如图10-75所示。

图 10-75

07 在该形状图层下方同样绘制圆形，并设置其图层样式，如图10-76所示。

图 10-76

08 单击 确定 按钮后的效果如图10-77所示。

09 在所有圆形上面绘制一个圆形，设置填充颜色为白色，然后为其添加图层样式，如图10-78所示。

图 10-77

图 10-78

10 单击 确定 按钮，将两个大的圆形对齐画布，并拉出参考线，如图10-79所示。

图 10-79

11 选择小的圆形图层，按【Ctrl+Alt+T】组合键进入复制变换状态，然后按【Alt】键将变换中心点移到参考线的中心上，按【Shift】键的同时旋转图像，如图10-80所示。

12 按【Enter】键确认变换，然后按【Shift+Ctrl+Alt+T】组合键复制变换圆形，如图10-81所示。

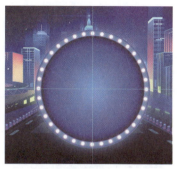

图 10-80   图 10-81

13 选择所有的圆形图层，按【Ctrl+G】组合键建立图层组，隐藏参考线。

14 打开"双十一标识.psd"素材文件，将需要的标识图层拖动到图像文件中，并按【Ctrl+J】组合键复制3个图层，隐藏复制的图层，如图10-82所示。

图 10-82

15 选择最下方的文字图层，双击该图层为其添加图层样式，如图10-83所示。

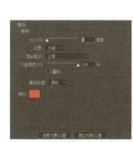

图 10-83

16 单击 确定 按钮，将该图层的内部填充不透明度设置为0%，如图10-84所示。

17 选择该图层，单击鼠标右键，在弹出的快捷菜单中选择"栅格化图层样式"命令，然后再选择"滤镜/模糊/动感模糊"命令，打开"动感模糊"对话框，设置模糊角度和半径，如图10-85所示。

图 10-84   图 10-85

18 单击 确定 按钮后的效果如图10-86所示。

19 显示复制的第1个文字图层并双击，为其添加描边和内发光的图层样式，如图10-87所示。

图 10-86   图 10-87

20 单击 确定 按钮，然后设置该图层内部填充不透明度为0%，按【←】键将该图层往左侧移动，如图10-88所示。

21 显示复制的第2个文字图层，设置图层内部填充不透明度为0%，双击图层，为其添加描边和外发光的图层样式，如图10-89所示。

图 10-88   图 10-89

22 单击 确定 按钮，按【←】键将该图层往左侧移动，如图10-90所示。

23 显示最上面的文字图层并双击，设置该图层内部填充不透明度为0%，为其添加描边和内发光的图层样式，如图10-91所示。

图 10-90

图 10-91

24 单击 确定 按钮，按【←】键将该图层往左侧移动，如图10-92所示。

25 使用横排文字工具输入文字，然后使用相同的方法制作霓虹灯字效果，如图10-93所示。

图 10-92

图 10-93

Tips

　　编辑好图层样式效果后，若要设置相同的格式，可直接复制制作好的图层样式，然后粘贴到需要的文字图层即可。方法是：在编辑好图层样式的图层上单击鼠标右键，在弹出的快捷菜单中选择"拷贝图层样式"命令，选择另外的文字图层，单击鼠标右键，在弹出的快捷菜单中选择"粘贴图层样式"命令即可。

26 选择标题文字的所有图层后按【Ctrl+G】组合键建立图层组，然后在标题下方输入文字，然后使用相同的方法制作不同颜色的霓虹灯字效果，如图10-94所示。

27 选择所有文字组，按【Ctrl+T】组合键变换文字，使其倾斜显示，完成后将文字和后面的圆形的位置稍作调整，整体往上移，效果如图10-95所示。

图 10-94

图 10-95

28　在文字下方使用圆角矩形工具绘制圆角矩形，设置该图层内部填充不透明度为0%，双击该图层为其添加描边和外发光图层样式，如图10-96所示。

图 10-96

29　单击 确定 按钮后的效果如图10-97所示。

图 10-97

30 输入文字，为文字设置渐变叠加和外发光的图层样式，在下面输入字号较小的白色文字，并将其移动到矩形中，如图10-98所示。

图 10-98

31 选中这些文字所在的图层，按【Alt】键复制文字，更改文字内容，如图10-99所示。

图 10-99

32 在文字之间绘制白色直线和白色三角形，得到如图10-100所示的效果。

图 10-100

33 选择输入的文字、直线和三角形图层，按【Ctrl+G】组合键建立图层组，将图层组移动到画布中心位置，并使用直接选择工具调整圆角矩形的锚点，如图10-101所示。

图 10-101

34 选择工具箱中的自定义形状工具 ，在工具属性栏中选择箭头形状，然后按【Shift】键绘制箭头，如图10-102所示。

35 双击该形状图层，为其添加描边、外发光和内发光的图层样式，如图10-103所示。

图 10-102

图 10-103

36 单击 确定 按钮，设置该图层的内部填充不透明度为0%，如图10-104所示。

37 复制该形状图层，然后双击更改其图层样式，取消内发光和外发光，将描边更改为白色即可，如图10-105所示。

图 10-104

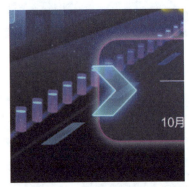

图 10-105

38 将箭头形状选中并建立一个图层组，然后按【Alt】键复制图层组，复制箭头到画布右侧并水平翻转，得到如图10-106所示的效果。

图 10-106

行业技能展示

1. 如何让促销文字更醒目

如果要制作氛围感较强的海报，可以使用比较夸张的字体，也可以在文字字体的基础上进行调整，如将文字转换为形状图层后调整文字路径上的锚点。除此之外，还可以直接使用钢笔工具绘制自己想要的文字效果。

文字的风格样式不一样，给人的第一感觉也是不一样的，文字是淘宝美工制作各种画面中必不可少的一部分，不同字体给人的感觉也不同，因此要根据活动促销主题来确定字体，然后根据字体的结构对其进行调整，如图10-107所示。

图 10-107

2. 高效管理图层

在制作图像的过程中，应尽量通过新建图层来实现设计效果，方便后期修改。如果图层数量较多，除了将相关图层创建为组外，还可以为图层或图层组标识不同的颜色来进行区分。其操作方法为：在图层前的"眼睛"图标上单击鼠标右键，在弹出的快捷菜单中选择相应的颜色，即可更改图层的标识颜色，如图10-108所示。

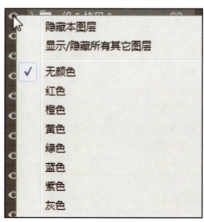

图 10-108

第四篇

综合案例制作

第11章

化妆品店铺页面设计

本章将制作一个综合实例——化妆品店铺的首页设计。在设计店铺首页前，可以多参考同类型的优秀店铺来获取灵感，然后根据自身店铺的受众人群和商品特点来搜集相关素材，规划好设计要求、思路和要展示的模块等。

11.1 首页海报设计

案例名称	首页海报设计
素材文件	素材/11/模特.jpg、瓶子.png、丝带.png
效果文件	效果/11/首页海报.psd
视频文件	扫右侧二维码

　　首页海报是淘宝店铺首页第一屏显示的画面，可以是促销活动海报，也可以是主推商品的海报。下面为化妆品店铺制作首页海报，最终效果如图11-1所示。

图 11-1

01 新建一个尺寸为1920像素×4000像素、分辨率为72像素/英寸的空白文件，设置红色系的渐变颜色，然后将背景进行线性渐变填充，并拉出参考线确定店招、海报的位置，如图11-2所示。

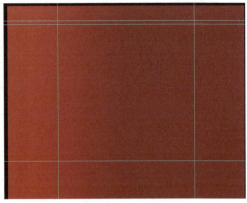

图 11-2

02 新建图层，使用矩形选框工具绘制矩形选区，然后使用渐变工具填充选区，如图11-3所示。

03 新建图层，使用矩形工具绘制矩形，然后使用直接选择工具调整锚点，并为其添加淡黄色的渐变叠加，如图11-4所示。

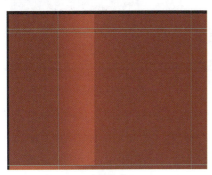

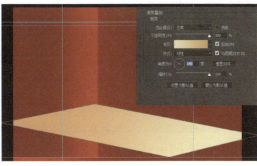

| 图 11-3 | 图 11-4 |

04 使用相同的方法绘制另外的矩形，并调整锚点位置，然后分别对其设置不同的渐变颜色，如图11-5所示。

05 新建图层，使用钢笔工具沿形状棱角绘制路径，然后使用白色的画笔工具描边路径（描边时要选中"模拟压力"复选框），如图11-6所示。

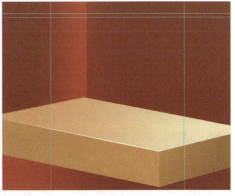

| 图 11-5 | 图 11-6 |

06 使用相同的方法对竖边添加描边，如图11-7所示。

Tips

模拟压力描边后的样式呈现的是中间明显、两侧渐隐的效果，若只需要一侧渐隐，可在"画笔"面板中进行设置，也可直接按【Ctrl+T】组合键对描边的图像进行放大或拉长等调整，然后使用橡皮擦工具擦除多余的图像即可。

07 使用钢笔工具绘制路径，然后填充为红色到深红的渐变，如图11-8所示。

图 11-7

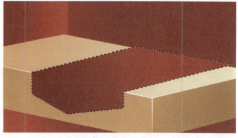
图 11-8

08 设置前景色为浅一些的红色，取消选区后再新建图层，使用画笔工具按【Shift】键绘制一条红色的线条，注意设置画笔的笔尖大小，然后按【Ctrl+T】组合键调整该线条的角度，并按【Ctrl+Alt+G】组合键创建剪贴蒙版，如图11-9所示。

09 双击红色的图像图层，为其添加投影的图层样式，如图11-10所示。

图 11-9

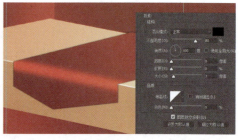
图 11-10

10 将除背景图层外的所有图层按【Ctrl+G】组合键创建图层组。

11 绘制矩形并调整锚点位置，然后为该形状图层设置渐变叠加，如图11-11所示。

12 继续绘制矩形，调整锚点并为其设置不同的渐变颜色，如图11-12所示。

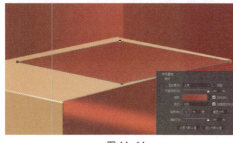
图 11-11

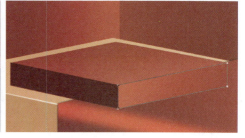
图 11-12

13 绘制矩形，使用直接选择工具调整锚点位置，并设置渐变叠加，复制3个矩形，分别调整锚点和更改渐变叠加颜色，如图11-13所示。

14 继续绘制矩形，使用直接选择工具调整锚点位置，为其添加描边的图层样式，然后将图层内部不透明度设置为0%，如图11-14所示。

图 11-13   图 11-14

15 新建图层，使用钢笔工具绘制路径，设置前景色为白色，然后使用10像素的画笔工具设置描边路径，如图11-15所示。

图 11-15

16 在右侧面中绘制矩形，并为该形状图层设置渐变叠加、内发光和外发光的图层样式，如图11-16所示。

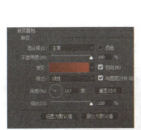  

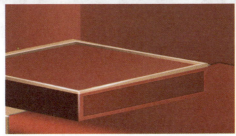

图 11-16

17 使用钢笔工具沿图像的边缘绘制形状路径，在整个立体矩形的下方新建图层，然后设置黑色画笔描边路径（这里不选中"模拟压力"复选框），如图11-17所示。

18 选择"滤镜/模糊/高斯模糊"命令，在打开的"高斯模糊"对话框中设置模糊效果，完成后如图11-18所示。

图 11-17 图 11-18

19 选择所有立体矩形的图层后按【Ctrl+G】组合键建立图层组。

20 使用相同的方法绘制其他的立体矩形，将其放在图层组中，并放置在大的立体图形下方，如图11-19所示。

21 复制红色的立体图层到画面右侧，放大图形后，更改各个面的渐变叠加颜色，如图11-20所示。

图 11-19 图 11-20

22 继续在红色的立体图形后面绘制矩形立体图形，并设置不同的渐变叠加颜色，然后调整图形的角度和位置并为其绘制阴影效果，如图11-21所示。

图 11-21

23 使用钢笔工具绘制路径并使用白色的画笔工具描边，并将关于该图形的所有图层选中并创建图层组，如图11-22所示。

24 新建图层，使用钢笔工具绘制阴影路径，将其转换为选区后填充为黑色，如图11-23所示。

图 11-22   图 11-23

25 取消选区后，选择"滤镜/模糊/高斯模糊"命令，在打开的对话框中设置模糊效果，然后将该图层的不透明度设置为30%，将图层放置在相应的图形下面，如图11-24所示。

26 使用相同的方法在其他位置绘制阴影效果，然后分别放置在相应图形的下方，如图11-25所示。

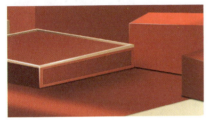

图 11-24   图 11-25

Tips

绘制阴影时，也可以使用画笔工具设置相应的笔尖大小来绘制，然后对其设置高斯模糊和图层不透明度即可。

27 选择最下方的两个面，使用直接选择工具调整锚点，然后分别为其添加图层蒙版，再使用渐变工具将下半部分图像隐藏，如图11-26所示。

图 11-26

28 在所有图层最上方按【Ctrl+Alt+Shift+E】组合键盖印图层，然后选择"滤镜/杂色/添加杂色"命令，打开"添加杂色"对话框，在其中设置相关参数，完成后如图11-27所示。

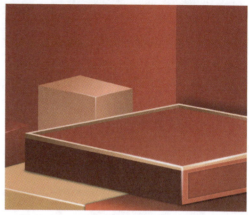

图 11-27

29 使用矩形工具绘制矩形，然后使用直接选择工具调整锚点，按【Ctrl+Alt+T】组合键后，按住【Alt】键向中心缩放该形状图形，完成后将外面的矩形设置为淡黄色，如图11-28所示。

30 将素材文件"模特.jpg"拖动到图像文件中，将其缩放至合适大小，然后按【Ctrl+Alt+G】组合键创建剪贴蒙版，如图11-29所示。

图 11-28   图 11-29

31 双击里面的矩形，为其添加斜面和浮雕、内发光的图层样式，完成后如图11-30所示。

32 继续绘制矩形并调整锚点，设置填充颜色比相框稍微深一些的黄，将其作为相框的厚度，如图11-31所示。

33 整体放大相框图像，使用前面相同的方法为其添加阴影效果，如图11-32所示。

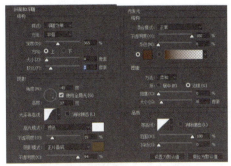

图 11-30

图 11-31　　　　　　　　　　　　图 11-32

34 将素材文件"瓶子.png"拖动到图像文件中，缩放至合适大小后，使用橡皮擦工具擦除多余的图像，如图11-33所示。

35 在瓶子下方新建图层，使用同样的方法为瓶子绘制投影，如图11-34所示。

图 11-33　　　　　　　　　　　　图 11-34

36 将素材文件"丝带.png"拖动到图像文件中，缩放至合适大小后，将其放置在相框的下方，如图11-35所示。

37 再在丝带下方新建图层，用同样的方法绘制阴影，如图11-36所示。

图 11-35　　　　　　　　　　图 11-36

38 输入文字，设置字体后将文字图层复制两个。先隐藏复制的文字图层，双击原文字
图层，为其添加渐变叠加和描边的图层样式，如图11-37所示。

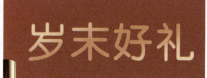

图 11-37

39 显示选择上方的文字图层，为其设置稍微深一些的颜色，然后右移文字，并将该图
层放置原图层下方，如图11-38所示。

40 再选择显示上方的文字图层，为其设置黑色，将文字图层栅格化，然后选择"滤
镜/模糊/高斯模糊"命令，在打开的对话框中设置模糊程度（若设置后的阴影太深，
可适当调整图层的不透明度），完成后将图层放置在所有文字图层下方并右移，如
图11-39所示。

图 11-38　　　　　　　　　　　　　　图 11-39

41 选择所有文字图层按【Ctrl+G】组合键创建图层组，然后按【Ctrl+T】组合键调整文字的切斜角度，如图11-40所示。

42 使用相同的方法输入小的文字，并设置阴影（小的文字可直接设置颜色即可），如图11-41所示。

图 11-40

图 11-41

43 将文字创建为图层组，然后按【Ctrl+T】组合键调整文字斜切角度，并将其放置在丝带图层的下方（注意调整丝带的位置，不要挡住文字），如图11-42所示。

图 11-42

> **Tips**
> 为了让文字醒目，可以将文字转换为形状图层，制作出有个性的文字设计，还可以下载相关的光源素材文件，为文字添加星光效果。

11.2 制作店招和导航

案例名称	制作店招和导航
效果文件	效果/11/店铺首页.psd
视频文件	扫右侧二维码

店招可以单独制作，也可以直接在首页的页面上制作，与海报成为一体，在店招上同样可以放置标识、相关促销信息等，这里只是把店招位置预留出来，直接制作导航。最终效果如图11-43所示。

图 11-43

01 拉出参考线确定店招和导航的位置，如图11-44所示。

图 11-44

02 使用圆角矩形工具绘制1200像素×30像素的圆角矩形（可在工具属性栏中将圆角半径设置大一些），居中对其画布后，双击该形状图层，为其添加渐变叠加的图层样式，如图11-45所示。

图 11-45

03 绘制矩形形状，为其添加红色系的渐变叠加颜色，然后在上面输入文字，注意与导航条对齐，如图11-46所示。

图 11-46

04 隐藏参考线，然后依次在导航条上输入其他相关文字，并设置字体与颜色，如图11-47所示。

图 11-47

05 将关于导航的所有图层创建为图层组，并将图层组名称更改为导航。

11.3 制作宝贝陈列区

案例名称	制作宝贝陈列区
素材文件	素材/11/面膜.png、产品.psd
效果文件	效果/11/店铺首页.psd
视频文件	扫右侧二维码

　　在制作宝贝陈列区之前，要先规划所要展示的内容，如视频、热推商品、爆款单品等。下面制作宝贝的热推商品陈列和相关单品陈列，最终效果如图11-48所示。

图 11-48

01 为了在操作时不影响其他图层，可将所有图层组锁定。

02 绘制矩形，并设置形状填充颜色为深红色，将该形状图层放置在背景图层的上方，如图11-49所示。

03 绘制矩形，使用直接选择工具调整锚点，然后为该形状图层添加图层蒙版，使用渐变工具将矩形下半部分显示透明，如图11-50所示。

04 绘制矩形，使用直接选择工具调整锚点，然后为该形状图层添加渐变叠加的图层样式，如图11-51所示。

图 11-49 图 11-50

05 使用相同的方法绘制立体图形的其他两个面，并设置较深一些的渐变叠加颜色，然后为其添加图层蒙版，使用渐变工具将矩形下半部分显示透明，如图11-52所示。

图 11-51 图 11-52

> **Tips**
>
> 为了让绘制的矩形在添加的图层蒙版后与背景颜色融合，在设置矩形叠加颜色时，要注意与背景的颜色差相吻合。

06 将该立体图形中所有矩形图层创建为图层组，然后复制图层组，并缩放其大小，移动到相应位置，如图11-53所示。

07 选择相应的图层，分别对图层的渐变颜色进行更改，再分别调整各个形状图层的图层蒙版，如图11-54所示。

图 11-53 图 11-54

08　继续复制一个图层组到画面的右侧，如图11-55所示。

09　显示参考线，绘制一个白色矩形，将视频的位置预留出来，如图11-56所示。

图 11-55

图 11-56

10　绘制矩形，为其添加浅灰到深灰的渐变叠加图层样式，如图11-57所示。

11　绘制矩形，为其添加深灰到浅灰的渐变叠加图层样式，然后按【Ctrl+T】组合键进入变换状态后，再按【Ctrl+Alt+Shift】组合键将鼠标移到变换点上，向中心变换，完成后将该形状图层放置在刚刚绘制的矩形后面，如图11-58所示。

图 11-57

图 11-58

12　设置前景色为浅灰色，使用画笔工具并选择柔边的笔尖形状，先将矩形形状载入选区，然后新建图层，使用画笔工具进行涂抹，如图11-59所示。

13　取消选区后，再使用矩形绘制变换矩形的厚度，为其设置相应的渐变叠加效果，如图11-60所示。

图 11-59

图 11-60

14 新建图层，设置前景色为白色，设置画笔笔尖大小为5像素，然后使用钢笔工具沿矩形边缘绘制路径，使用画笔对路径进行模拟压力描边，如图11-61所示。

图 11-61

15 选择上面的黑色矩形，为其添加斜面和浮雕的图层样式，完成后隐藏参考线，如图11-62所示。

图 11-62

16 将关于黑色的所有矩形创建为图层组。

17 绘制矩形，并按【Ctrl+T】组合键后再按【Ctrl+Alt+Shift】组合键对矩形进行变形，然后为其设置渐变叠加，如图11-63所示。

图 11-63

18 继续绘制矩形，并设置相应的渐变叠加颜色，如图11-64所示。

图 11-64

19 新建图层，设置前景色为白色，设置画笔笔尖大小为3像素，然后使用钢笔工具沿矩形边缘绘制路径，使用画笔对路径进行模拟压力描边，如图11-65所示。

图 11-65

20 将关于红色图形的所有图层创建为图层组，然后对其整体缩放，并放置在相应位置，如图11-66所示。

图 11-66

21 将海报中的商品图层组复制到编辑的位置上方，并缩放其大小（为了便于区分，可以将商品图按【Ctrl+E】组合键合并），如图11-67所示。

22 将素材文件"面膜.png"拖动到图像文件中，并放置在需要的位置，如图11-68所示。

图 11-67

图 11-68

23 选择工具箱中的自定义形状工具，在工具属性栏中选择箭头图形，在图像中绘制，然后将其旋转到一定角度，再为其设置相应的渐变叠加颜色，如图11-69所示。

24 选择工具箱中的直接选择工具，对箭头的锚点进行调整，如图11-70所示。

图 11-69   图 11-70

25 输入文字，并设置不同的字体大小，将文字组合放置在箭头形状上，如图11-71所示。

26 选择价格文字图层，为其添加金色的渐变叠加，如图11-72所示。

图 11-71   图 11-72

27 输入说明文字信息，将文字图层创建为图层组，然后为图层组添加渐变叠加和投影的图层样式，如图11-73所示。

图 11-73

28 绘制圆角矩形图形，为矩形添加描边、渐变叠加和投影的图层样式，如图11-74所示。

图 11-74

29 使用自定义形状工具绘制箭头图形，使用钢笔工具删除尖角的锚点，然后为该形状图层添加渐变叠加和投影的图层样式，如图11-75所示。

图 11-75

30 在该形状图形上输入相关的文字信息，然后分别为文字设置相应的颜色，如图11-76所示。

图 11-76

31 在之前的文字说明图层组中的原价格文字上绘制直线，将原价划掉，绘制的直线为直接应用设置的图层组图层样式，如图11-77所示。

图 11-77

32 继续输入相应的文字，并设置字体和大小，如图11-78所示。

图 11-78

33 绘制圆形形状，为该形状图层设置红色的渐变叠加和白色的投影图层样式，如图11-79所示。

34 按【Ctrl+Alt+T】组合键，将圆形向中心缩放，清除图层样式，并为其设置白色的描边，无填充颜色，如图11-80所示。

图 11-79   图 11-80

35 在圆形上绘制白色的直线，并输入白色的文字，如图11-81所示。

36 将商品、文字和背后的辅助图形全部创建为图层组，将图层组重命名为"宝贝推荐区"，如图11-82所示。

图 11-81   图 11-82

37 复制该图层组，将其放置在原图层组下方，并调整灰色的辅助图形，如图11-83所示。

38 新建图层，设置前景色为深灰色，调整画面笔尖大小，在交接处绘制，然后按【Ctrl+Alt+G】组合键创建剪贴蒙版，如图11-84所示。

图 11-83   图 11-84

Tips

　　本案例中的商品图和说明文字都没有进行更换，在实际制作中，要注意更换商品图和相对应的说明文字。

39 在视频区域和下面的宝贝区域之间的空隙中，使用制作海报文字的方法制作标题文字，如图11-85所示。

40 在文字两侧绘制直线，为图层创建图层蒙版，使用渐变工具将外侧部分变为透明，如图11-86所示。

图 11-85

宝贝推荐区

图 11-86

41 将商品推荐区整体往上移。

42 选择"图像/画布大小"命令，在打开的"画布大小"对话框中将画布高度调整为

4200像素，并设置在下方扩展，如图11-87所示。

43 选择底部的红色背景，使其铺满整个画布。

44 使用矩形工具绘制矩形，并设置不同的填充颜色，然后分别调整相应矩形的锚点，完成后再为各个矩形设置相应的渐变颜色，如图11-88所示。

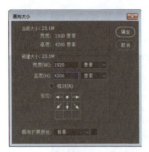

图 11-87

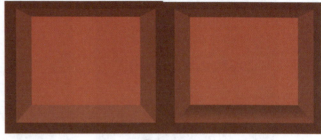

图 11-88

45 在上方绘制一个矩形，设置无填充颜色，描边为淡红色，粗细为8像素，如图11-89所示。

46 再继续绘制一个与描边颜色相同的矩形，如图11-90所示。

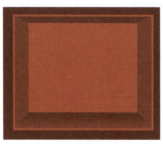

图 11-89

图 11-90

47 打开素材文件"产品.psd"，将相关商品图拖动到图像文件中，缩放至合适大小，如图11-91所示。

48 在商品下方输入文字，并设置字体和大小，如图11-92所示。

图 11-91

图 11-92

49 在文字下方绘制圆角矩形，设置白色的填充颜色，淡黄色的描边，然后复制一个圆角矩形，使用直接选择工具调整锚点，并设置填充颜色为红色，如图11-93所示。

50 选择红色的圆角矩形图层，为其添加投影的图层样式，如图11-94所示。

图 11-93

图 11-94

51 在圆角矩形上方输入相关的文字，如图11-95所示。

52 将该模块的所有图层创建为图层组，然后复制图层组并更改里面的图片和文字，如图11-96所示。

图 11-95

图 11-96

11.4 制作视频区

店铺首页上的视频一般位于海报的下方，在设计首页时可以将放置视频的部分预留出来，然后在后期上传处理好的视频。最终效果如图11-97所示。

案例名称	制作视频区	
效果文件	效果/11/店铺首页.psd	
视频文件	扫右侧二维码	

图 11-97

01 回到视频预留区域，将白色矩形缩小，然后复制一个矩形，使用直接选择工具调整锚点，如图11-98所示。

图 11-98

02 选择外面的矩形，为其添加渐变叠加和投影图层样式，如图11-99所示。

图 11-99

03 绘制一个同等宽度的矩形，设置浅金色，按【Ctrl+T】组合键后再按【Ctrl+Alt+Shift】组合键变换矩形，如图11-100所示。

图 11-100

04 选择背景上的立体图形的图层组，复制图层组到相应位置，并放大图形，如图11-101所示。

图 11-101

05 在所有图层上方新建图层，填充颜色为接近黑色的深灰色，为其添加图层蒙版，使用黑色的画笔工具在蒙版上涂抹，加深整个页面的暗角，完成后将该图层放置在导航图层组的下方，如图11-102所示。

06 在暗角图层上方新建图层，使用白色的画笔在海报上进行涂抹（注意在工具属性栏中设置画笔的不透明度），设置图层的混合模式为叠加，不透明度为50%，如图11-103所示。

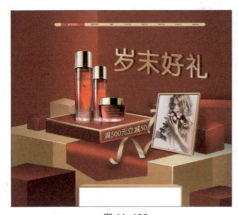

图 11-102   图 11-103